支援を前提としない
新しい子ども家庭福祉

改装版
子ども・若者が創る
アウトリーチ

We are
on
outreach.

全国こども福祉センター理事長
保育士、社会福祉士

荒井 和樹

せせらぎ出版

本書は 2019 年 10 月にアイエス・エヌから発売された『子ども・若者が創るアウトリーチ』を
せせらぎ出版から再発行したもので、内容は同じです（一部装丁、本文中のデータに変更あり）。

はじめに

　本書は「アウトリーチ」という手法を使って子ども家庭福祉の分野で活動している、全国こども福祉センターについて紹介する書籍です。また、本書の副題にあるとおり、全国こども福祉センターは「支援を前提としない新しい子ども家庭福祉」に取り組んでいます。

　では「アウトリーチ」とはいったいどのような手法なのでしょうか?

　また、「支援を前提としない新しい子ども家庭福祉」とは、これまでの子ども家庭福祉とどのように違うのでしょうか?

　その違いは、どのような意味を持つのでしょうか?

　本書をとおして、一つずつ解説していきたいと思います。

　ところで、みなさんは「福祉」や「支援」という言葉を聞くと、どんなイメージを持ちますか?

　「福祉」とは幸せや豊かさの実現、「支援」とは他者に力を貸したり、他者を助けたりすることを意味します。「支援」という言葉から、貧困や難病など「何らかの困窮している状態」が頭に浮かぶ人がいるかもしれません。また、災害時に活躍するボランティアの姿も想像できると思います。災害時に限らず、国内外の様々な支援活動に多数のボランティアが参加しています。

　「ボランティア」とは本来、「意志」や「志願」という意味ですが、日本では「無償労働」と解釈されたり、「支援活動」と同じ意味で使われたりして

います。

　名古屋市は、2004年度の教員採用試験から学生のボランティア活動を加点対象とする評価基準を採用しました。2020年度からは、大阪市の公立学校・幼稚園の教員採用試験においても、学習支援や子ども食堂などにボランティアとして参加した学生に対して、ボランティア加点を試行実施することになりました。このように、支援やボランティアは善い活動として、公的にも評価される時代となったといえるでしょう。

　その一方で、支援が届かない人、福祉を利用しない人たちがいます。支援が届かない人たちが生まれる原因として、これまで行政側や援助機関側からのアナウンス不足、申請手続きの難しさ、申請の窓口に出向けない状況などが指摘されてきました。

　しかし、福祉や支援に関する情報が届いているにもかかわらず、受け取らない人たちも多数います。たとえば、生活保護受給の条件を満たしていて、その説明がなされても、申請しない人がいます。警察や児童相談所による介入や保護が必要であるにもかかわらず、避けようとする子どもがいます。民間の取り組みである子ども食堂や学習支援を利用したがらない子どもたちもいます。福祉を利用しようとせず、支援やボランティアを受け入れようとしないのです。

　それは支援されることを恥ずかしく思ったり、社会的偏見＝スティグマ(注1)を恐れたり、あるいは、支援と引き換えに「管理される窮屈さ」を感じたりするからです。なかには、受け取ろうとしないどころか、「福祉」や「支援」

注1：スティグマ／まわりの人や社会によってイメージづけられた個人に対するネガティブなレッテル。もともとは奴隷や犯罪人になどに押されていた「烙印」のこと。

という言葉に嫌悪感を抱いたり、偽善と感じたりする人もいます。

　さらに、深刻な事態が進んでいます。NPO法人自殺対策支援センターライフリンクの『自殺実態白書2013』によれば、自殺する前に精神科や心療内科など何らかの専門機関に相談していた人は、約7割にのぼると報告されています。SOSを出して、専門機関につながったとしても、問題が解決することなく7割の人が自死したのです。この結果は、**「援助機関につながりさえすれば助かる」**という常識を覆すこととなりました。

　「支援」を量産して届けても、本人の問題解決につながらないのであれば、これまでの支援の「内容」と「届け方」の両方を見直す必要があります。とはいえ、これまでの制度や援助機関の限界を自覚し、**「つながっても助からない」**と認めることは、利用者側にとっても、援助機関側にとっても、苦しいことです。

　わたしは援助機関を利用せず、支援から遠ざかる子ども・若者にあゆみより、つながろうと、2012年7月に「全国こども福祉センター」を設立しました。そして、当初からアウトリーチ活動に力を入れてきました。では、全国こども福祉センターが力を入れている「アウトリーチ」とは、何でしょうか？

　「アウトリーチ（Outreach）」とは、直訳すると「（外に）手をのばす」という意味です。オックスフォード現代英英辞典によると「とくに相談機関や病院など、援助を提供する機関に来ることができないか、あるいは来ることを好まないような人たちに対して、サービスやアドバイスを提供する活動」と説明されています。

　日本国内では、アウトリーチは主に高齢者、精神障害者、ひきこもりなど支援対象者の家庭を訪問する活動だと認識されています。アウトリーチは

「家庭訪問」のことだと、狭義にとらえている人も少なくありません。詳しくは本文で説明しますが、芸術分野では、たとえば美術館などで働く職員が地域に出向き、地元の文化を一緒に学び楽しむ活動もアウトリーチとされています。そこには支援する側・される側の区別はありません。

　全国こども福祉センターは、設立当初から10代後半から20代前半のメンバーが主体となって運営してきました。全国こども福祉センターのアウトリーチは、日本でいま主流とされている**支援対象者に対するアウトリーチとは異なり、支援する側・される側の区別はありません**。名古屋駅前の繁華街やソーシャル・ネットワーキング・サービス（以下、SNS）などのサイバー空間で、子ども・若者に呼びかけてアウトリーチをしていますが、アウトリーチをしている側も子ども・若者です。子ども・若者が同世代の子ども・若者に声をかけ、メンバーに誘い入れて、一緒にアウトリーチ活動を行っています。

　生きていくうえで誰しも様々な悩みや問題を抱えています。全国こども福祉センターのメンバーも同じです。メンバーのなかには、これまでの福祉の概念でみれば、支援対象となる問題を抱えた子どももいます。しかし、そうした子どもも含めてメンバー全員で役割分担し、議論しながら一緒に社会活動に取り組んでいます。

　メンバーはみな、その過程で交流し、現実社会と向き合うことで、自分の置かれた状況を客観的に知り、**自分自身の問題を発見します**。そして、活動をとおして、**人とコミュニケーションする力、問題にぶつかったときに立ち直る力、自分自身で問題を解決する力を身につけていきます**。

　もちろん、抱える問題が大きく緊急性があるケースは、児童相談所など

の機関につなぎます。しかし、全国こども福祉センターは、基本的に子ども・若者たちを「支援」する団体ではありません。メンバー全員がお互いに協力しあっているので、支援対象者のことをさす「クライアント」という概念もありません。

　アウトリーチは一般的に専門的なスキルを必要とするため、「子ども・若者が創るアウトリーチ」というタイトルに疑問を抱く人がいるかもしれません。しかし、全国こども福祉センターでは、子ども家庭福祉の主体である子ども・若者が試行錯誤しながら実践することを大切にしています。

　そもそも「子ども家庭福祉」とは、すべての子どもの権利や教育、健康的な生活の保障をめざすものです。ところが、現実には、虐待を受けた子どもや犯罪の被害者・加害者となった子どもなどを救済・援助することが、福祉の中心的な活動となっています。

　もちろん、救済・援助も重要な活動です。しかし、それはすべての子どもの権利や教育、健全な生活を保障するための、一部の活動に過ぎません。緊急性が高く複雑な課題への対応は、（非常に重要ではありますが）特定のケースに限った対症療法であると考えます。

　わたしは本書の副題に「支援を前提としない新しい子ども家庭福祉」とつけました。これまでの子ども家庭福祉に対して「新しい子ども家庭福祉」と位置づけたのは、**支援者や専門家を主体とした「子どもたちのための福祉活動」から、「子ども・若者自身が取り組む福祉活動」へと転換するため**です。そのため、本書では、子ども・若者と一緒に福祉について考え、一緒に実践していくことの重要性を繰り返し強調しています。

　子ども・若者みずからが問題解決に取り組む環境を用意するという発想

は、これまでの子ども家庭福祉の発想とは 180 度異なります。したがって、実際にどのような活動をしているのかイメージすることが難しく、受け入れ難い部分もあるかもしれませんが、読者のみなさんが、日本の子ども家庭福祉について改めて問い直す機会となれば幸いです。

　2019 年 7 月

　　　　　　　　　全国こども福祉センター理事長　荒井和樹

第4章　アウトリーチの様々な目的・形態

第5章　子ども家庭福祉の役割と課題

第 **1** 章

全国こども福祉センターについて

全国こども福祉センター設立の背景と目的

　現代社会は、核家族化が進み、家族のあり方や働き方が多様化すると同時に、家庭と学校や地域との関係が希薄になりました。「子ども会」がなくなり、不登校やひきこもりが増加するなど、学校や地域が担っていた教育的な機能や福祉的な機能は期待できなくなりました。虐待相談件数の著しい増加は、関心が高まったと前向きに評価できる側面もありますが、相談できる相手が家族や学校、地域にいないことを示唆しているともいえます。

　昭和・平成をとおして福祉サービスは充実し、援助機関も増加しました。にもかかわらず、いじめや不登校、ひきこもり、精神疾患、非行、犯罪の被害と加害、望まない妊娠、虐待、生活の困窮、就労困難などが、大きな社会問題となっています。支援者や援助機関がどれだけ増えても、物理的・心理的な距離があって、福祉にアクセスできない人、アクセスしようとしない人がいるからです。

　頼れる大人が周囲にいる子どもは、その大人から援助機関の情報（広報やチラシ含む）を直接取得することができます。ところが、頼れる大人がいない場合、援助機関との接点がなくなり、子どもと援助機関との間に距離が生まれてしまいます（図表1）。

　わたしたちのまわりには「助けてと言えない人」や「福祉につながらない人」が大勢います。**全国こども福祉センターは、相談窓口や援助機関まで出向くことが難しい子ども・若者に対してこちらから出向こうと、繁華街や祭礼行事（祭りや花火大会など）、学生サークル、SNSなど、子ども・若者の集まる場所に出入りしています。そこで「アウトリーチ」と呼ばれ**

図表 1　子ども・若者と援助機関との物理的・心理的な距離／著者作成

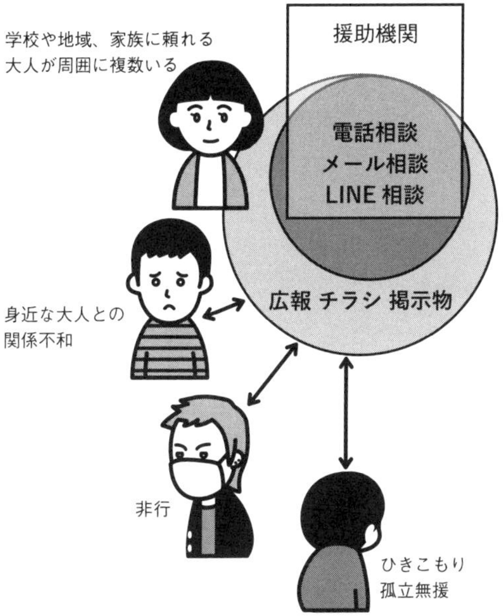

学校や地域、家族に頼れる
大人が周囲に複数いる

援助機関

電話相談
メール相談
LINE 相談

広報 チラシ 掲示物

身近な大人との
関係不和

非行

ひきこもり
孤立無援

頼れる大人が周囲にいる子ど
もは、その大人から援助機関の
情報（広報やチラシ含む）を
直接取得することができます。
ところが、頼れる大人がいない
場合、援助機関との接点がなく
なり、子どもと援助機関との間
に距離が生まれてしまいます。

る手法を用いて、子ども・若者に声をかけて、つながり（人間関係）をつ
くっています。アウトリーチは、直訳すると「（外に）手をのばす」という意味
ですが、その目的や方法は国内外で様々な形態があり、一言でくくることは
できません。全国こども福祉センターの実践しているアウトリーチも、その
なかの一つの形態です。

　全国こども福祉センターが繁華街で行っているアウトリーチは、原則とし
て着ぐるみを着用して、声かけ活動を行います。着ぐるみを着用するのは、
話しやすい雰囲気をつくってハードルを下げることと、パトロールに見せない
ことが目的です。こうした工夫は、国内の援助機関が行うアウトリーチには
ない、珍しい取り組みです。

パトロールに見せない繁華街活動

　また、全国こども福祉センターは若いメンバーを中心に立ち上げました。現在のメンバーも、ホームページや口コミで集まった大学生や高校生、アウトリーチをとおして出会った子どもたちです。**中心となる年齢層は 10 代後半から 20 代前半。こうした子ども・若者たち自身がアウトリーチの主体であることも、全国こども福祉センターの非常に大きな特徴です。**

　これまで子ども家庭福祉の分野では、保健師や児童相談所の職員など一部の専門職によって「家庭への訪問活動」＝「アウトリーチ」と狭義にとらえられてきたため、繁華街や SNS など家庭以外の場所におけるアウトリーチの方法は確立していませんでした。ましてや、専門職ではなく、子ども・若者たち自身がアウトリーチをする側にまわるような取り組みは存在しません。前例がなかったため、活動を始めてからは試行錯誤の連続でしたが、一緒に活動する子ども・若者からの意見を反映しながら改善を繰り返し、現在のスタイルを確立しました。

　現在、行っている活動には、繁華街でのアウトリーチのほか、SNS による情報発信、スポーツイベント（バドミントン、フットサル）、そして、それら

の活動をメンバーたち自身で運営するための学生ミーティングなどがあります。また、相談支援や支援者育成活動にも取り組んでいます。これらは、P23の「全国こども福祉センターの3つの活動」で詳しく紹介しています。

　全国こども福祉センターのメンバー（わたしを含め）は活動をとおして、様々な環境のもとで生きる子ども・若者や、その保護者と出会います。かれらと対話を重ね、同じ時間を過ごして仲良くなると、悩みや困りごとなどを打ち明けてくれることもあります。抱えている悩みや困りごとは多種多様です。

●いじめをきっかけに不登校に。母親が学校に相談するも向き合ってくれず、地域から孤立していく母子
●一見、経済的には裕福な家庭に見えるが、両親は不仲で別居。社会的立場のある親に気を遣って周囲にSOSを出すことを我慢する少年
●母親が恋人の家に入り浸り、「どうせ帰っても誰もいない」「一緒に食事をすることもほとんどない」という少女
●小学校の途中から学校にほとんど通わなくなったが、親からも登校するように言われず、不登校のまま中学校を卒業した少女
●未成年のときから、母親の恋人によって性暴力を受け続けた結果、何度も堕胎した経験を持つ20代の女性
●保護司からの連絡を無視。保護観察中にも非行を改めることができず、毎日のように路上に出て、風俗への勧誘行為で生計を立てる少年　など。

　かれらの多くは、福祉や援助機関を利用しているか、以前に利用した経験のある子ども・若者たちです。福祉や援助機関に「つながらない」のではなく、一度つながったものの、困りごとが解決しない状態が続いているのです。なかには福祉や援助機関に相談するのをあきらめたり、拒否反応を

示す者もいます。社会福祉や子ども家庭福祉の提供するサービスが行き届かないのではなく、子ども・若者から「選ばれていない」「避けられている」という厳しい現実があります。

　だからといって、すぐに法改正が行われ、支援体制が改善されるわけではありません。それを待っているだけでは、なかなか困りごとは解決しません。子ども・若者にとって、いまある社会資源を適切に利用して生き抜く術を身につけることは喫緊の課題です。

　そこで、わたしは2012年7月に全国こども福祉センターを立ち上げ、子ども・若者を支援の受け手ではなく、ともに人間や社会のことを学び合うメンバーとして迎え入れて、活動を続けてきました。一緒に繁華街に出向き、社会で起きている現実を知り、みずからの力で援助を要請できる子ども・若者を育てることを目的としています。

　全国こども福祉センターは、支援の提供や困りごとの解決を第一の目的とする団体ではありません。**子ども・若者が他者（団体内のメンバーや団体外の第三者）と出会い、人間関係づくりをとおして、自分自身の問題に向き合い、ともに自己成長をめざす団体です。**

支援の受け手ではなく仲間として迎える活動　写真中央の男性が著者

全国こども福祉センターの3つの理念

　全国こども福祉センターには3つの理念があります。(1) 個人の尊厳を守ること、(2) 立ち直る力（レジリエンス）を高めること、(3) 互いにあゆみよること、です。

(1) 個人の尊厳を守ること

　日本国憲法や、国際条約でもある児童（子ども）の権利条約などに明記される人権尊重と同様の理念です。福祉や援助機関から遠ざかる子ども・若者にあゆみより、すべての個人（子ども・若者）が尊重される社会をめざします。かれらに対して、アクセシビリティ（近づきやすさ、利用のしやすさ）を高めることも、個人の尊厳を守ることにつながると考えています。

(2) 立ち直る力（レジリエンス）を高めること

　全国こども福祉センターでは、問題解決を専門家に丸投げするのではなく、問題を抱えている本人が解決の主体となるのが望ましいと考えています。そのために、子ども・若者たち自身がメンバーの一人として、アウトリーチなどの活動に参加できる機会を提供しています。同時にそれは、団体内のほかのメンバーと意見の違いでぶつかったり、活動の趣旨をめぐって団体の外の人と議論するなど、他者とかかわることで失敗やつまずきを経験する機会でもあります。

　人は、人間関係による悩みから傷つき、挫折することがあります。そこから再び社会に復帰するには、立ち直る力（レジリエンス）が必要となります。臨床心理学の研究者である平野真理氏によれば、後天的にレジリ

エンスを高めるための要因として、「問題解決志向（状況を改善するために、問題を積極的に解決しようとする意志を持ち、解決方法を学ぼうとする力）」および「自己理解・他者心理の理解」をあげています(※1)。

　全国こども福祉センターのアウトリーチは自由参加ですが、メンバーである子ども・若者の多くが「役に立ちたい」「誰かと仲良くなりたい」「認められたい」「声かけがうまくなりたい」など、様々な動機から参加します。ところが、他者に働きかけるアウトリーチは難易度が高く、ほとんどの子ども・若者が失敗やつまずきを体験します。

　その失敗やつまずきが、他者を理解し、自分自身を振り返るきっかけになることもあります。実践には失敗がつきものですが、試行錯誤を繰り返すことで、立ち直る力（レジリエンス）を高めていくことができます。また、全国こども福祉センター内にある、学生ミーティングやバドミントン、フットサルなどの各コミュニティは、仲間とぶつかりながらも、励まし合う場となっています。

　このように全国こども福祉センターの様々な活動は、社会で生きていくうえで必要なコミュニケーション能力や、他者と人間関係を構築する能力を実践的に学ぶ機会を提供することで、危機的状況から立ち直る力（レジリエンス）を高めています。

(3) 互いにあゆみよること

　既存の援助機関は、当事者から相談や申請があって初めてサービスを提

※１：平野真理（2010）「レジリエンスの資質的要因・獲得的要因の分類の試み：
　　　―二次元レジリエンス要因尺度（BRS）の作成」『パーソナリティ研究』19（2）, 94-106

供できるので、当事者のアクセスのしやすさ、利用のしやすさを高めること
が大きな課題です。ポスターを貼ったり、啓発イベントを開催したり、相談
窓口の電話番号が明記されたカードを配布して、援助機関の存在を告知し
ています。

　援助機関につながるルートは複数用意されていますが、それでも助けを
求めることができない人たちもいます。そこで、一部の自治体や援助機関で
は、2016 年に自殺対策基本法の改正もあって、SNS で情報発信をしたり、
LINE 相談窓口を設置したり、検索連動広告（検索すると広告欄に援助機
関が表示される仕組み）を掲載するなど、ICT を活用したアウトリーチが行
われるようになりました。

　わたしは援助機関側が積極的に呼びかけることには賛同しますが、それ
だけでは不十分だと考えています。チラシやカード、SNS や検索連動広告
などで一方的に呼びかけるだけでは、当事者に届かなかったり、拒否され
たりすることがあるからです。そこで、全国こども福祉センターでは一方的
にならないよう、できるだけ相手の話を聴くようにしながら、こちらの情報
も開示し、お互いにあゆみよることを意識して、子ども・若者に働きかけて
います。

　**アウトリーチには「訪問」や「介入」などの側面があります。その側面
だけに着目すると、送り手から受け手に向かう一方通行の矢印になります。**
しかし、アウトリーチをきっかけに少しでも活動に参加すると、もとからいる
メンバーとの間にコミュニケーションや協力関係が生まれ、一方通行の矢印
が双方向の矢印へと徐々に変わっていきます。

　この双方向の関係を本書では「相互関係」といっています。**「相互関係」
は支援する側・される側という区別がなく、互いに尊重できる関係です。**
生活文化や価値観の異なる者同士が理解しあうことは簡単ではありません

が、対話をとおしてお互いにその努力を続けるようにしています。

　「相互関係」を重視する全国こども福祉センターには、これまでの福祉の常識をくつがえし、支援対象者を示す「クライアント」という概念がありません。どのような経緯で参加しても、仲間として尊重され、フラットな関係のもとに団体が運営されています。代表者であるわたしも例外ではありません。メンバーを尊重し、メンバーから尊重されるような関係をめざしています。アウトリーチはあくまでもきっかけに過ぎず、出会いのときから活動をともにするまで、一貫して相互関係づくりをめざしているのです。子ども・若者に対して、「更生させよう」「助けてあげよう」という姿勢で臨むのではなく、まずは「身近な知り合い」になるところからスタートします。

　また、全国こども福祉センターでは活動をとおして、援助機関や医療・福祉専門職とかかわる機会や社会教育活動へ参加する機会も提供しています。アウトリーチで出会う子ども・若者は、援助機関や専門職に対してネガティブなイメージを抱いている者もいます。そこで、本人には見えていない側面を説明したり、異なる見方を助言したり、リフレーミングというスキルで、ポジティブなイメージに変換していく作業をしています（詳しくはP179）。

　つまり、全国こども福祉センターはアウトリーチをきっかけに、メンバー同士がお互いにあゆみよると同時に、社会に対してもあゆみよる姿勢を大切にしています。

　ただし、援助機関の利用に関しては慎重な姿勢をとっています。援助機関の利用を促すことが目的となってしまうと、支援の押し付けになりかねません。個人の尊厳を奪わないよう、本人と十分に話し合い、必要に応じて援助機関の紹介や利用を検討するようにしています。すぐに援助機関に「つなぐ」という姿勢でかかわるのではなく、何ができるのかを一緒に模索して

いくことから始めます。

　なお、「個人の尊厳」や「立ち直る力（レジリエンス）」という言葉は、専門家の間では使われますが、子どもたちには少し難しい言葉です。そこで、全国こども福祉センターの理念を中高生、大学生など、若いメンバーに説明する際は、次のようにわかりやすく短い言葉にしています。

中高生、大学生に向けた活動目的・理念（何のためにやるのか？）

●他者とのかかわりをとおして現実や社会問題を知ること

　（活動参加による観察・声かけ、メンバーとの交流などから）

●いろんな価値観を知ること（自分の価値観を広げること）

●自分で課題を見つけて、それに取り組むこと

　（自分で取り組むための力、解決するために必要な能力を身に

　　つけること）

　上記の活動目的・理念については、学生ミーティングで確認しています。ここで初めて支援を前提とする活動ではないことに気づくメンバーもいます。そして、少しずつ自分のための活動であることを自覚、理解していきます。

全国こども福祉センターの３つの活動

　全国こども福祉センターの活動は以下の３つに大別されます。このうち(1)と(2)が子ども・若者を対象とする活動、(3)は文字どおり、社会を対

象とする活動です。

(1) アウトリーチ・社会教育活動

　　①繁華街活動

　　② SNS の運用

　　③学生ミーティング（子ども食堂）

　　④フットサル

　　⑤バドミントン

　　⑥季節イベント（お花見、ハロウィン、クリスマスなど）

(2) 相談支援・支援者育成活動

　　①相談支援（対面、メール、SNS）

　　②支援者育成

　　③アウトリーチ研修

(3) 社会を対象とする活動

　　①講演・研修

　　②調査研究・実践報告

　　③情報発信

(1) アウトリーチ・社会教育活動

　標題は「アウトリーチ・社会教育活動」としていますが、厳密にはさらにフィールドワークと居場所づくりが含まれます。しかし、「フィールドワーク・アウトリーチ・居場所づくり・社会教育活動」では標題として長すぎるので、主要な 2 つを抜き出しました。フィールドワークとは、子ども・若者とそれを取り巻く環境を観察・調査すること。それをもとにアウトリーチを行い、参加できる「居場所」を提供し、現代社会を生き抜く力を身につけるために、

社会教育活動を行っています。

　社会教育とは、社会教育法第二条に規定されているとおり、「学校の教育課程として行われる教育活動を除き、主として青少年及び成人に対して行われる組織的な教育活動（体育及びレクリエーションの活動を含む。）」とされています。社会教育は国や地方公共団体が取り組むべき教育制度として、生涯学習とともに規定されています。

　アウトリーチ・社会教育活動は、いじめ、不登校、ひきこもり、精神疾患、非行、犯罪の被害と加害、のぞまない妊娠、虐待、生活の困窮、就労困難などの**トラブルが発生する前に、子ども・若者とつながり（人間関係）をつくります。**その過程で、子ども・若者自身が、トラブルを避けたり対処したり、問題と折り合いをつける力、援助を求める能力、立ち直る力（レジリエンス）を高めることを目的としています。

　具体的な活動は、前述のとおり、①繁華街活動、②SNSの運用、③学生ミーティング（子ども食堂）、④フットサル、⑤バドミントン、⑥季節イベントです。いずれも子ども・若者が興味・関心を持ちやすく、参加しやすい活動です。また、すべて子ども・若者が主体的に参加する活動で、参加するかどうかは任意です。

　2017年度の参加者の延べ人数は、次ページの（図表2）のとおりです。

　繁華街活動は、フィールドワーク、アウトリーチ、社会教育活動の要素を含みます。毎週土曜日の18時から（冬季は17時から）名古屋駅前の街頭に立ち、10代後半から20代前半の子ども・若者に声をかけて交流を図っています。話が弾めば、わたしたちの活動に参加しないかと誘っています。

　毎週1回、平日の夜に開催している学生ミーティングでは、繁華街活動、SNSの運用、スポーツイベントをメンバーが主体的に行うために、理念や目的の共有から当日の準備までの打合せをしています。また、直近の活動を

図表2　アウトリーチ・社会教育活動の内容と参加者数（2017年度）

	活動内容	場所	回数	延べ参加者数 （1回あたりの平均人数）		
				15〜19歳	20代前半	合計
①	繁華街活動	名古屋駅	53	297 (5.6)	344 (6.5)	641 (12.1)
②	学生ミーティング （子ども食堂）	事務所	108	463 (4.3)	402 (3.7)	865 (8.0)
③	バドミントン	体育館	17	80 (4.7)	100 (5.9)	180 (10.6)
④	フットサル	民間施設	13	59 (4.5)	104 (8.0)	163 (12.5)
⑤	季節行事その他	その他	31	72 (2.3)	67 (2.2)	139 (4.5)
	合計		222	971 (4.4)	1,017 (4.6)	1,988 (9.0)

振り返り、いまのままでいいのか、問題はないのか、もっといいやり方はないのか、などを議論し、次の活動に反映させています。

　学生ミーティングは、メンバーがコミュニケーション能力やプレゼン能力を高める場としても機能しています。自己表現が苦手だったり、口下手だったメンバーも、少しずつ自分なりの気持ちや考えを「ことば」にできるようになり、ほかのメンバーに承認してもらうことで、自信をつけていきます。

　また、アウトリーチで出会うメンバーの半数以上がひとり親家庭です。親が不在で家に食事が用意されていない10代のメンバーなど、ネグレクトの疑いがある家庭の子どももいます。そこで、みんなで一緒に食事しようと、2017年からミーティングの前後に食事の時間をはさむようにしました。月1回、社会人のボランティアが食事を提供してくれています。メンバーが食事

づくりに参加することもあります。

　全国こども福祉センターの活動を見学に来た人は、この様子を見て「子ども食堂」だと認識することもあるようです。子ども食堂はメディアで「貧困対策」として紹介されたこともあり、そのイメージが定着しています。全国こども福祉センターでは「貧困対策」だと誤解されないよう、「子ども食堂」の看板を掲げていません。アウトリーチで出会う子ども・若者のなかには、子ども食堂の利用を恥ずかしいと思う者もいるため、「ミーティングにこない?」「ご飯もあるよ」と声をかけるようにしています。

　繁華街活動で出会った子どもや、スポーツに興味・関心がある学生を対象にして、2013 年から月に 2 回スポーツイベント(バドミントン、フットサルを 1 回ずつ)を開催しています。参加者は、毎回 10 名から 15 名程度です。数あるスポーツのなかからバドミントンとフットサルを選んだのは、世代に関係なく参加でき、初心者にも比較的ハードルが低く、他者との交流もしやすいなど、「居場所づくり」としての機能をいくつも備えているからです。とくにバドミントンはあまり費用もかからず、ダブルスの片方に経験のあるメンバーが入れば、円滑にゲームが進行できるという運営のしやすさがあります。

　繁華街活動や学生ミーティングは、言葉によるコミュニケーションが苦手な子ども・若者にとって、ハードルの高い活動です。また、繁華街活動は、男子メンバーよりも女子メンバーのほうが活躍できる場面が圧倒的に多く、男女間で成功体験の格差が生まれています。そこで、言語によるコミュニケーションの苦手な男子メンバーの「居場所づくり」として、スポーツイベントを始めました。現在、フットサルのグループ LINE には約 60 名が所属しており、コミュニティが形成されています。

　スポーツイベントは、援助機関や子ども食堂などの「支援」に抵抗を感じるメンバーも多数参加しています。活気があり、誰でも参加しやすく、大学

バドミントン　　　　　　　　　　　フットサル

のサークルのような雰囲気です。ホームページや Twitter、グループ LINE などを見て参加する大学生、高校生のほか、繁華街でのアウトリーチで知り合って参加する子どももいます。10 代の女性、社会的養護出身者、外国籍、地方出身の一人住まいの若者、小学生とその母親など多種多様で、年齢や立場、価値観の違いを越えて、幅広い層が参加する活動です。

　スポーツイベントの参加者には、繁華街でのアウトリーチなど、ほかの活動にも誘うようにしているため、ここで初めて福祉に興味を持つメンバーも多くいます。定期的に開催するスポーツイベントは、「居場所」としての役割だけでなく、アウトリーチや社会教育活動の入口としても位置づけられています。

（2）相談支援・支援者育成活動

　全国こども福祉センターは、支援の提供や困りごとの解決を第一の目的とする団体ではありませんが、必要に応じて、社会福祉士など有資格者による相談支援も実施しています。相談方法は直接、対面して相談に乗るか、もしくは、メールや SNS をとおして相談に応じています。

　電話相談は行っていません。電話相談は感情が出やすく、一対一のやり

とりになるため、メンバー間で共有するのが難しいからです。また、電話相談については、全国に窓口が数多く設置され、専門のスタッフが対応している機関もあるため、他機関に任せることにしています。

　アウトリーチの現場となる繁華街で直接、相談を受けることもあります。相談内容で多いものは、公的機関や援助機関でのトラブルや「生きている意味がわからない」「死にたい」という本人からのメッセージです。重度の精神疾患を抱え、援助機関からも見放されて行き詰った女性からの最後のメッセージを受けたこともありました。このときは、その女性にていねいに対応することで、最悪の事態を防ぐことができました。その後も、ときどき連絡をくれます。相談支援活動をとおして、予防の重要性を再認識させられた出来事です。

　支援者育成とは、フィールドワーク、リーダーシップ、チームマネジメント、対人援助に関する学習会のことです。対象者は、全国こども福祉センターに所属するメンバーや見学者です。繁華街活動や学生ミーティングの時間を使い、活動に賛同してくれている社会福祉士や医師などの専門家、大学教員、全国こども福祉センターのOB・OGなどの協力のもとに開催しています。

　繁華街活動の最中に、フィールドワークやコミュニケーションの方法などについて、グループワークを実施することもあります。また、活動終了後に、落ち着いて話せる場所に移動して、見学者も交えたグループワークを実施することもあります。グループワークは講義形式と異なり、参加者全員による検討会のようなものです。活動中に出会った子どもたちとどのようにかかわるのか、依存させすぎていないか、男女の間の距離感をどのようにとるかなど、10代や20代前半のメンバー同士で意見を交換し、学び合います。

　2014年からは、アウトリーチ研修も始めました。福祉分野のアウトリーチスキルに加えて、社会学、保健、医療、教育分野などの知見を採り入れた

内容です。翌 2015 年度から名古屋市社会福祉協議会のリーディングモデル助成事業に採択され、テレビ取材も入り、注目が集まりました。研修の講師は、全国こども福祉センターのメンバーや他団体でアウトリーチを実践する若いメンバーが務めています。アウトリーチ研修は一般公開していますが、全国こども福祉センターのメンバーの育成も兼ねており、メンバーであれば誰でも参加できます。

（3）社会を対象とする活動

　全国こども福祉センターは、子ども・若者を対象とした活動だけではなく、他の援助機関や子ども家庭福祉分野の研究者、ソーシャルワーカー (注2) などを対象とした活動、さらには子どもたちを取り巻く社会を対象とした活動にも力を入れています。具体的には、①講演・研修、②調査研究・実践報告、③情報発信です。

　講演・研修は、高等学校や大学、自治体の子ども・若者支援地域協議会や教育委員会などから依頼を受けて実施しています。わたしは福祉事業の「実践者」であり、大学における「研究者」でもあり、また、「当事者」と一緒に活動もしているので、この 3 つの視点（実践者・研究者・当事者の視点）から、子育て、若年者支援、教育や福祉をテーマに講演や研修を行っています。2017 年に 33 回、2018 年に 34 回、基調講演や研修の講師、パネリストとして登壇しました。以下は演題の一例です（カッコ内は依

注2：ソーシャルワーカー／すべての人々の権利や自己実現を保障し、身体的、精神的、社会的に良好な状態を増進するため、人々と関係を構築して様々な課題に一緒に取り組む対人援助専門職のこと。国内では国家資格である社会福祉士と精神保健福祉士の総称とされています。

頼元）。

　「現地主義と当事者視点にもとづいた子育て支援─潜在化する親子の声
　を聴く」（岐阜県多治見市福祉部）
　「遠ざかる子どもたちと繋がる仕組みづくり」（特例認定 NPO 法人とりで）
　「支援を前提としない子ども・若者へのアウトリーチ」（北海道民生児童
　委員連盟）
　「その教育と支援、届いていますか?」（名古屋市中川区まちづくり推進室）

　全国こども福祉センターの講演・研修では、長年にわたるアウトリーチの
実践をもとに、厚生労働省の統計データや、法定の支援事業に基づいて行
われる調査データなどでは把握できない、子ども・若者の実態を紹介して
います。そのうえで、教育や支援が届かない子ども・若者の具体的な事例、
援助機関における支援の偏り、社会調査の必要性などを伝えています。
　相談窓口や施設内で、援助を求めてきたケースに対応している福祉団体
は、相談窓口や援助機関を利用しようとしない子ども・若者の存在に気づ
き、かれらと出会うための方法や信頼関係を構築するスキルは十分に有し
ているといえません。また、アウトリーチのような社会活動に、子ども・若
者が参加する機会を提供している福祉団体もほとんどありません。そのた
め、全国こども福祉センターの講演・研修の内容は、驚きをもって受け止め
られます。
　次に、調査研究・実践報告については、アウトリーチスキルを活用した路
上調査、サイバー調査、参与観察などの調査結果を学会などで報告してい
ます。日頃の実践から得られた知見をもとに、報告書や論文を作成し、専
門誌に発表することもあります。ここでも法定事業では発見できない子ども・

若者の実態や、そうした子ども・若者と一緒に取り組んでいる活動内容を報告し、かれらとのコミュニケーションの取り方や、向き合い方、主体性や尊厳を奪うことなく、個々の問題を解決する方法を示唆しています。さらに、犯罪や虐待などの予防に向けた問題提起を行っています。

　情報発信については、マスメディアの取材やSNSをとおして、全国こども福祉センター独自の活動内容や調査研究の成果などを社会に広く伝えるよう努めています。そうした情報を保護者や他の援助機関、子どもの人権擁護に取り組む団体、子ども家庭福祉分野の研究者、ソーシャルワーカーなどに参考にしていただきたいと思っています。

　さらに子ども・若者に対しても情報発信しています。全国こども福祉センターがスポーツで楽しく交流したり、社会問題に一緒に取り組んでいること、また、活動をとおして自分自身の課題を発見し、その課題と向き合う機会があることを、若いメンバーが自分たちの「ことば」で伝えています。最近はマスメディアやSNS、さらには口コミによる情報発信が広がりつつあるようで、何らかの期待を持って集まってくる子ども・若者が増えています。

参加メンバーの全員が発信者

　全国こども福祉センターに所属するメンバーは現在、10代から20代の男女が約130名、そのうちコアメンバーが十数名ほどです。

　メンバーは支援の受け手ではなく、活動の担い手として情報発信者の立場に身を置いています。繁華街活動やSNS上では、子ども・若者たちに声

をかけ、周囲の大人に理解や協力を求めるために、自分たちの活動を説明します。不特定多数に情報発信を繰り返すことで、否応なしに他者とのコミュニケーションが鍛えられます。学生ミーティングやスポーツイベントも自分の気持ちや考えを発信する場となります。

　これまでメンバーが日常的にコミュニケーションをとっていた相手は、親や学校の先生、友人などです。ところが、メンバーのなかにはそれが上手にできず、人間関係につまずき、全国こども福祉センターにたどり着いた者もいます。「食事を作ってほしい」と親に言えなかったり、本当は親にそばにいてほしいのに、それが表現できなかったり、嫌なことを嫌と拒否できなかったり。逆に、思春期の子どもから距離を取ろうとしたり、まわりに相談できずに一人で問題を抱え込む保護者もいます。

　わたしは全国こども福祉センターの代表者ですが、だからといって、メンバーの声を代弁し、保護者や先生との関係を取り持つことは極力しないようにしています。相談には応じますが、**自分の意思を「みずからのことば」で直接伝えることが大切だ**と考えるからです。「食事を作ってほしい」と直接伝えることができて、保護者の心が動き、家族内の問題を解消できたケースもあります。

　困窮して支援が必要になったとき、本人が進んで周囲に相談したり、アドバイスや助けを求めることができれば、自力で問題を解決できるようになります。**心理学では、助けを求めたり、周囲の力を借りたりする能力のことを「援助要請能力」、援助を求める能力を「援助希求能力」といいます。**メンバーは情報発信者としての経験を積むことで、援助要請能力や援助希求能力を徐々に高めていきます。

　全国こども福祉センターを設立してから 3 年ぐらいは、子どもたちが繁華街活動をすることが危険だとされ、批判されることもありました。メンバー

のなかには、いまでも活動に参加することを保護者に反対されている者もいます。活動参加の是非をめぐり、保護者と対立する場面もあります。事務局に電話が入り、「危ない子どもが出入りするところに、うちの子どもを参加させるな」と叱られることもあります。保護者が子どもの行動をコントロールしようとするのは、珍しいことではありません。また、子ども自身の意志で参加しているものの、保護者の意見を無視することもできません。たいへん難しい判断を迫られます。

保護者との関係を尊重して、保護者の主張に従うのも選択肢の一つかもしれません。しかし、子ども家庭福祉を推進する立場としては、子どもの気持ちを第一に尊重し、子どもがみずから選択した行動を社会全体で受け止めていきたいものです。ときには子どもが自分の意志を貫くことも重要であると考えています。そのためには、保護者を説得したり、納得させる能力が必要となります。

10代後半ともなれば、近い将来、大人になり、自分自身が保護者となります。いつまでも保護者の庇護のもとにい続けることはできません。「みずからのことば」で気持ちを表現し、意見を主張して、他者に伝えることができなければ、社会で生き抜くことは難しいといえるでしょう。

繁華街活動に参加することは、正面から社会と向き合うことを意味しています。出会う人すべてが好意的であるとは限りません。なかには活動内容に疑問を呈し、問い詰めてくる人もいます。そうした人に対しても、繰り返し応対することで、他者に説明をする能力も身についていきます。未成年者であっても自分の気持ちや意見を表現できるよう後押しすることが、全国こども福祉センターの大きな役割の一つです。

子ども・若者が問題解決の主体に

　全国こども福祉センターの活動に参加するメンバーの延べ人数は、すべての活動を含めると、2015 年度が 2,182 名、2016 年度は 2,242 名、2017 年度は 2,351 名でした。1 年間で延べ 2 千人を超える子ども・若者が出入りをしています。この数字は、名簿に記入のあった参加者だけを集計したもので、繁華街活動や SNS 上で出会ったり、立ち話をした人数はそれ以上となります。

　基本的には全員がボランティア、自由参加であるため、誰が、いつ、どの活動に参加するかは決まっていません。本人の意志に任せているため、たまに気が向いたときにぶらっと立ち寄るメンバーもいます。

　メンバーの活動に参加する問題意識や目的は様々です。たとえば、虐待や DV、家族関係の不和に悩むメンバー、いじめや不登校、ひきこもりを身近に抱えるメンバー、少女の援助交際や売春に問題意識を持つメンバー、出会いや自己成長のため、あるいは、大学の単位取得や承認欲求を満たすために参加するメンバーもいます。どのような問題意識でも全国こども福祉センターでは尊重したいと考えています。

　メンバーの問題意識は、繁華街活動での経験やメンバー同士の交流などによって、刻々と変化していきます。また、互いに問題意識が違っていても、全員がお互いの問題意識を尊重し、共存しようとします。それが、他者理解をめざす全国こども福祉センターの基本姿勢でもあります。

　2015 年からは、若いメンバーで自由に活動ができるように、小さな事務所を借り上げ、アウトリーチ活動の運営を任せるようにしました。すると、メンバーは経験したことのないトラブルや課題と直面するようになりました。出

会った子どもたちにどこまでかかわるのか、どの程度の頻度でメッセージをやり取りするのがいいのか、男女の距離感をどう適度に保つのか、運営側に立つことで初めて見えてくる課題です。メンバー間で意見が対立することもありました。一般の援助機関でも支援のあり方や方針について議論になることはありますが、全国こども福祉センターの場合、とくに合意を形成するのは困難をきわめます。出身地域や年齢、価値観がバラバラなうえに、マネジメントやリーダーシップが苦手で、未経験のメンバーがほとんどだからです。

　アウトリーチに参加するメンバーは、成功体験の何倍もの失敗体験をします。そして、課題にぶつかるたびに試行錯誤を繰り返します。そこで初めて意見を交わしたり、相談しあうようになり、メンバー内で徐々に共通の問題意識を持てるようになります。

　多くの保護者や支援者の立場では、失敗しないようにおぜん立てしたり、本人の代わりに問題を取り除いてあげたり、安全な環境を整えることが、「子どもたちのため」と考えられることがあります。ベテランの支援者や社会活動家が、専門性の高い独自の方法で手厚く支援するケースもあります。

　しかし、他者が設定した問題や、他者の責任のもとで行われた問題解決を自分事として受け止められるでしょうか。大人が先回りしすぎることは、子どもたちが自分で問題を見つけ、その問題に自分で向き合っていく機会を奪ってしまいます。**問題に向き合う力や立ち直る力を身につけるには、自分で問題を発見し、自分の責任のもとで行動した結果を受け入れることが重要です。**全国こども福祉センターでは、子どもたちが自分で実践して、成功したり、失敗したりして、新たな「気づき」や「つまずき」の機会を得ることを大切にしています。

　家庭の問題を抱えるメンバー（10代少女）は「嫌いな親と向き合うことか

らずっと逃げてきたけど、この活動に参加してから家にちゃんと帰って親と向き合おうと思った」と話します。彼女は「家族」という他者への歩み寄りの必要性に気づき、自分から家庭内の問題に取り組もうと行動を起こしたのです。

　もっとも、全国こども福祉センターのメンバーが取り組む課題は、容易に一人で解決できるようなものではありません。まわりに相談したり、頼ることができなければ、すぐに行き詰まります。うまくいかずに一人で悩み、あきらめるメンバーも出てきます。ところが、一人のメンバーが悩んでいると、自然と手を差し出すなど、ほかのメンバーが動き出します。つまずきや失敗をとおして、初めてそばにいるメンバーと手を取り合い、相互関係が築かれ、新しい役割分担が生まれることもあります。

　現代はインターネットや公共交通機関などの社会インフラが整い、モノと情報にあふれています。お金さえあれば、たいていのモノや情報を手に入れることができます。しかし、お金に頼るだけでは解決できない問題もあります。家族や学校、職場などにおける人間関係の問題です。たとえ解決したように見えても、相手にはわだかまりや苦しみが残ることがあります。実のところ人間関係の問題は、完全に解決できない問題のほうが多いのです。**容易に解決しない問題に対しては、話し合いなどを経て、折り合いをつけることも必要です。**

家庭教育と学校教育とを補完する役割

　全国こども福祉センターのアウトリーチで出会う子ども・若者や活動に参加するメンバーの大きな特徴は、両親がいる子どもよりも、ひとり親の子どもが圧倒的に多いことです。次いで多いのが、別の地域から来て一人暮らししている若者、社会的養護在籍者・出身者、外国籍の若者です。

　アウトリーチで出会う子どもたちと話をしていると「母親は昼には仕事、夜には遊びにいって、ほとんど顔を合わさない」「家にご飯がない」「掃除されていない」と生活状況を教えてくれることがあります。価値観の変化や経済的な事情で、一般的な家庭教育の機能を十分に果たせない家庭が増加しています。

　文部科学省によれば、「無責任な放任や過保護・過干渉が見られたり、モラルの低下が生じているなど、家庭の教育力の低下が指摘されている」[※2]として、20年以上前から家庭教育の課題があげられています。本来、家庭という小さなコミュニティのなかで子どもが学ぶことはたくさんあります。しかし、ひとり親で仕事が忙しく、親子で過ごす時間がほとんどないため、必要な生活習慣や生活能力などを家庭内で身につける機会のない子どもたちも見られます。

　こうした子ども・若者にとって、週2日以上、年間200回以上行われている全国こども福祉センターの活動は、生活のうちの大半の時間を占めてい

※2：「21世紀を展望した我が国の教育の在り方について（中央教育審議会第一次答申）
　　　第2章これからの家庭教育の在り方」1996年7月19日，文部科学省

ることになります。月 1 回程度、数時間参加するメンバーにとっては、余暇活動やサークル活動の位置づけになりますが、毎週参加するメンバーには、家庭や学校などに代わる「居場所」となっているといえるでしょう。

　また、ほとんど学校に行ったことのない不登校の子どもの場合、本来は学校で過ごす時間を全国こども福祉センターで過ごすことになるため、全国こども福祉センターでは社会教育にも力を注いでいます。自分の意志で足を運び、活動に参加している点をみれば、全国こども福祉センターの社会教育活動は、義務教育よりも自主的な学びの場である高等教育や大学教育に近い位置づけだといえます。

　全国こども福祉センターには、助産師や思春期の子どもの支援や教育に携わっている専門家、社会福祉士などの有資格者も定期的に出入りしていますが、子どもたちの前では近所のおばさん、おじさんといった立場です。**特別な支援をするために来ているのではなく、子ども・若者と同じ時間を共有し、家庭教育を補完する役割を担ってくれています。**

当事者がゼロ次予防に参加する意義

　全国こども福祉センターに所属するメンバーのなかには、不登校を経験した者や中退者も少なくありません。小学校からほとんど登校せず、中学校には一度も行ったことがないという少女もいます。JK ビジネスやパパ活を経験したり、自殺を図ろうして、警察に補導されたメンバーもいます。かれらからていねいに話を聴くと、本人だけでなく、家族が重大な問題を抱えてい

ることもあります。祖父母の代から複数の問題が解決されないまま、親子に
継承しているケースもあります。

　問題が深刻化すればするほど、社会復帰がますます困難になっていく
ため、全国こども福祉センターでは問題が深刻化していく前に動き出す必
要があると考えています。ところが、援助機関は問題が発生してから介入す
るか、支援対象者からの相談や利用申請があった場合に対応することがほ
とんどです。既存の援助機関は困窮状態にある人たちを支援対象とするた
め、これまでのアウトリーチも同様に、困窮している人たちへの支援、救済
など危機介入が目的となりやすい傾向にあります。

　一方、全国こども福祉センターの場合、問題の有無にかかわらず、子ども
たちにかかわっています（図表3）。アウトリーチによる介入は、ときには本
人のプライベートや意思決定に干渉するなどのリスクが伴うため、そのリスク
に配慮することも重要ですが、そもそもアウトリーチを実践しないと、子ど
もたちとの出会いやかかわりは生まれません。実践して反応を見ながら、つ
ながり（人間関係）を築いていきます。

　深刻化する前に動き出すという点で、全国こども福祉センターの活動は、
医療における「一次予防」に似ています。一次予防とは、健康管理や健康
教育、生活習慣の改善などで、比較的健康な人に対して実施します。一次
予防は医療行為ではないため、非専門家や本人でも取り組むことができま
す。それに対して、「三次予防」とは、後遺症治療や再発防止、残存機能
の回復・維持、リハビリテーションなど、疾患からの社会復帰をめざしま
す。三次予防は医療行為が必要となるため、かかわることのできる者は、
医師や看護師など一部の専門職に限られます。

　子ども家庭福祉においても同様で、問題が深刻化してからだと、警察や

図表3　アウトリーチの意義／著者作成

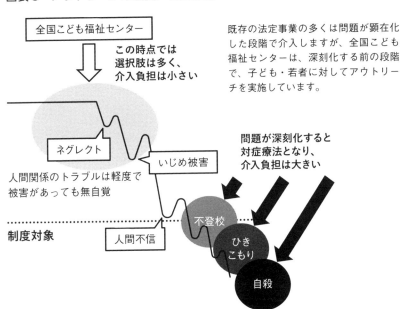

既存の法定事業の多くは問題が顕在化した段階で介入しますが、全国こども福祉センターは、深刻化する前の段階で、子ども・若者に対してアウトリーチを実施しています。

この時点では
選択肢は多く、
介入負担は小さい

問題が深刻化すると
対症療法となり、
介入負担は大きい

全国こども福祉センター

ネグレクト

いじめ被害

人間関係のトラブルは軽度で
被害があっても無自覚

不登校

ひき
こもり

自殺

制度対象

人間不信

児童相談所の職員などの専門家に依拠せざるを得なくなります。このようなケースでは、保護や救済が目的となるため、選択肢が限定されるうえ、介入する側もされる側も負担が重くなります。たとえば、一時保護や児童福祉施設による行政処分は、親子分離を引き起こす場合もあります。その判断は熟練の専門家でさえも難しく、ときに子どもの意に反した対応がとられることもあり、慎重を期す必要があります。

　不登校やひきこもりに対する訪問支援や、児童虐待対応などの危機介入を目的としたアウトリーチは、予防医学の「三次予防」に該当します。それに対して、全国こども福祉センターのアウトリーチは「一次予防」よりもさらに前段階の「ゼロ次予防」に相当すると、保健師・看護師である新美晃代

氏から高い評価をいただいています（図表4）。

　新美氏は予防医学の知見を活用して、愛知県の半田市内で子育て支援活動を実践されている方です。全国こども福祉センターが2015年度に主催したアウトリーチ研修を受講後、翌2016年度からは同研修の講師として、予防医学の知見に基づいた講義を担当しています。

　また、受刑者の矯正教育を行う法務教官の守谷泰弘氏も、「罰は一時の抑止力であり、大切なことは予防、教育」と強調します。守谷氏は、全国こども福祉センターの法人設立後、すぐに理念に賛同してくれた数少ない専門家の一人です。矯正教育の現場経験や司法福祉の知見をもとに、全国こども福祉センターが主催する研修の講師を担当しています。

図表4　予防医学の3分類とゼロ次予防

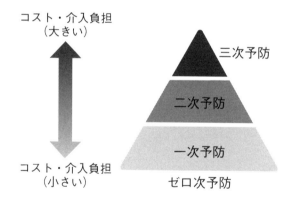

予防医学は、予防を三段階（一次予防、二次予防、三次予防）に分類しています。三次予防は後遺症治療や再発防止、残存機能の回復・維持、リハビリテーション、疾患からの社会復帰を意味します。二次予防は、疾患の早期発見、早期治療をさします。一次予防とは、疾病を未然に防ぐ行為をさします。たとえば、病気の要因と考えられるものを除去したり、運動など健康の増進を図ったりすることをとおして、病気の発生を防ぎます。

　子ども家庭福祉の担い手として、身近な存在である地域住民やボランティアの役割も期待されていますが、危機介入となると、一部の専門家しか担うことができません。しかし、**予防や未然防止を目的とするアウトリーチであれば、非専門家である地域住民やボランティアも参加することができます。**

　学校教育や家庭教育が行き届きにくい子どもたちが増えていくなか、最後の砦となるのが地域社会だといわれています。ゼロ次予防や一次予防に多くの地域住民が参加できるようになれば、これまで無関心だった地域住民も、問題を抱えている子どもたちや家族と出会い、問題を共有する機会が増えるはずです。逆に、一部の専門家や援助機関だけで問題を抱え込めば抱え込むほど、かかわる人間も限定されてしまうため、まわりの身近な人たちが問題を共有しにくくなります。ただし、問題が広く共有されると、社会的な偏見が発生するリスクもあるため、まずは、当事者である子ども自身や子どもたちが信頼している大人に参加してもらえる仕組みを整えることが必要です。

第**2**章

アウトリーチの 5W1H

アウトリーチとは何か

　アウトリーチは直訳すると「(外に) 手をのばす (さしのべる)」という意味や、「従来の枠から一歩踏み出すこと」の意味で使われることがあります。オックスフォード現代英英辞典によると「とくに相談機関や病院など、援助を提供する機関に来ることができないか、あるいは来ることを好まないような人たちに対して、サービスやアドバイスを提供する機関の活動」と説明されています。

　アウトリーチは、イギリスの慈善活動から始まりました。1859 年のウィリアム・ラスボーンによる巡回看護、1869 年に発足したイギリスの慈善組織協会の友愛訪問が起源といわれています。その後、医療や福祉分野だけでなく、音楽や芸術、教育分野でもアウトリーチの必要性が認められ、広がっていきました。

　アウトリーチの普及に伴い、その概念も多様性を帯びていきます。医療や福祉分野では、社会的弱者に向けての救済や保護を目的として、情報や支援を届ける「一方通行のアプローチ」として実践されていきます。一方、芸術や音楽分野のアウトリーチでは鑑賞を促すだけではなく、「参加」「交流」「体験」「相互理解」「協創」というキーワードを伴い、双方向的な普及活動として発展してきた経緯があります。

　日本の福祉分野で実践されているアウトリーチは、支援や危機介入など、「一方通行のアプローチ」をとるのが大きな特徴です。しかし、アウトリーチを広義に解釈すると「対等」「交流」「相互理解」などの双方向のコミュニケーションも含まれます。アウトリーチの対象者の意思や気持ちをくみ取るには、コミュニケーションが欠かせません。受け手の尊厳を尊重し、QOL

（生活の質）を高めるためには、双方向性がもっと重視され、その実践のためのスキルが普及・定着することが必要だと考えます。

なぜアウトリーチをするのか

　では、子ども家庭福祉の分野におけるアウトリーチは、どのような目的で実施されるのでしょうか。たとえば、不登校の子どもを抱える家族に対するアウトリーチでは、登校復帰を目的とする場合もあれば、登校をめざさず、家庭教師のように学習支援を行う場合もあります。子どもに非行があれば、本人や母親の相談に応じて、問題行動をなくすことが目的となるかもしれません。また、いずれの目的であっても、ほとんどの援助機関は「家庭訪問」という形態をとります。

　「家庭訪問」の形態をとる事業はほかにも、市町村で事業化されている乳児家庭全戸訪問事業（こんにちは赤ちゃん事業）があります。この事業の目的は、「乳児のいる家庭と地域社会をつなぐ最初の機会とすることにより、乳児家庭の孤立化を防ぎ、乳児の健全な育成環境の確保を図るもの」と明記されています。このように公的な事業のもとで行われるアウトリーチだけでも、様々な目的で実施されていることがわかります。

　一方、イギリスの地域精神看護師（Community Psychiatric Nurse：CPN）のアウトリーチは「リカバリー（回復力）」を重視しています。CPNのアウトリーチ支援に同行した三品桂子氏によると、「5回のうち1回の訪問の数分間が服薬に関する話し合いに充てられるだけであって、話題と活動

は生活に関することばかりである。服薬に関する話し合いの中心は、クライエントが自己管理する方法について」で、「クライエントを車に乗せ、洋服を買いに行き、食事をし、映画を一緒に観る。このように日本の訪問看護と支援内容が大きく異なっている。それは、病気や疾患に焦点を当てている限り、その人のリカバリーは促進しないという考え方に基づいて行われている。つまり、地域で暮らすクライエントを患者役割から解き放ち、生活者として生きることに心血を注いでいる」と報告しています (※3)。

　つまり、看護師の本来の業務である服薬指導はほんの一部で、むしろ、クライアントが生活力を取り戻すためのサポートにほとんどの時間を割いています。

　「リカバリー」の重視や「患者役割から解き放つ」という考え方は、全国こども福祉センターの理念である「個人の尊厳を守ること」や「立ち直る力（レジリエンス）を高めること」にきわめて近いといえます。**個人の尊厳を守るためには、患者を支援対象として見るのではなく、地域や社会における生活者としてとらえる必要があります。**生活者である以上、自己管理能力や援助要請能力などの社会スキルが必要不可欠です。全国こども福祉センターが、子ども・若者を対象にアウトリーチを行い、社会スキルを習得できるよう、繁華街活動やスポーツイベントなど社会教育活動に誘っているのはそのためです。

　また、全国こども福祉センターのアウトリーチの形態は「家庭訪問」ではありません。メンバーが繁華街や SNS 上でフィールドワークを行い、「声か

※3：三品桂子「アウトリーチ支援の国際標準と新しい動向」『精神科臨床サービス』第 11 巻 1 号、
　2011 年、P11-P15

け」や情報発信をとおして子ども・若者と直接、接触を図ります。援助機関につなぐのではなく、子ども・若者と人間関係をつくり、相互関係を築いてともにあゆむことが全国こども福祉センターの目的です。10代を含む子ども・若者の行動や実態を理解しようとするならば、こちらから出向き、ていねいな現地調査を行うことは最低条件となります。そのうえで、対話、交流、人間関係の構築に時間をかけなければ、相互関係は成り立ちません。

　さらに、こちらから出向くだけでなく、スポーツや繁華街活動など全国こども福祉センターの活動内容を紹介したり、一緒に活動しようと提案もします。興味・関心を示してくれた場合には、快くメンバーとして迎え入れます。迎え入れたメンバーの多くは様々な問題を抱えていますが、支援が必要かどうかについては、交流するなかで慎重に判断をしています。

いつアウトリーチをするのか

　アウトリーチを実施する時期やタイミングを考えるには、まず、どのような人や集団をアウトリーチの対象とするのか、あらかじめ想定しておくとよいでしょう。ある目的を持って、子どもたちを対象にアウトリーチを実施する場合、具体的にどの年代の、どのような子どもたちを対象にして、いつ、どのタイミングで実施するのがベストであるかを検討することが重要です。

　全国こども福祉センターがメインの対象としているのは、10代半ばから10代後半で、特定の問題を抱えているかどうかは関係なく、対象を広く設定しています。問題が深刻化する前に介入を行うため、アウトリーチの対象

を絞り込み過ぎないようにしています。

　10代半ばともなると、自立心が芽生え、行動範囲や人間関係が広がる時期です。この世代は、学校や部活動、アルバイトの人間関係だけでなく、インターネットやSNSなどを介して不特定多数ともつながるようになり、様々な情報を取得するようになります。そして、行動範囲や人間関係が広がり、取得する情報が増えることで、問題にぶつかる機会も多くなります。それは日常的なトラブルにとどまらず、不登校、ひきこもり、自殺、家出や深夜徘徊などの不良行為、援助交際、JKビジネスやパパ活などに至ることもあります。

　全国こども福祉センターでは、アウトリーチを行う繁華街活動の時間帯を夏季（5〜9月）は土曜日の18時〜21時、冬季（10〜4月）は土曜日の17時〜20時としています。曜日や時間は、学生ミーティングの検討項目となっており、運営メンバーの判断で変更することもあります。繁華街活動を実施している夕方から夜間にかけての時間帯は、警察の補導活動や市民パトロールに比べて、早い時間帯です。そもそも全国こども福祉センターの繁華街活動の目的は、見回りや巡回といったパトロールではありません。

　もっとも設立当初は、繁華街や祭礼行事などで、深夜の時間帯に外出をしている子どもたちに声をかけていました。ときには話が盛り上がり、「帰りたくない」「泊めてほしい」と懇願されることもありました。もちろん、保護者の同意がなければ、こちらの判断だけで泊めることはできません。したがって、深夜にそのような状況になれば、親を呼び、迎えに来てもらうか、警察や児童相談所に連絡して対処してもらうしか選択肢がありません。

　ところが、ほとんどの子どもたちは、会話のなかで親や警察、児童相談所の名前を出した途端、不機嫌になったり、怒り出したり、態度が急変して、すぐにその場から立ち去るのです。対話を重ね、やっとの思いで構築さ

れた関係性が、一瞬にして崩れることもありました。

　また、子どもたちがわたしたちに会える時間帯が深夜となると、深夜徘徊の助長につながりかねません。保護者の同意が得られない場合、深夜の対応そのものが、未成年者略取や都道府県の条例違反などに該当する可能性もあります。そこで、メンバーと相談して、もう少し早い時間帯のアウトリーチに方向転換したのです。

　さらに、深夜の時間帯にアウトリーチを実施しても、出会える子どもたちは、すでに深夜徘徊や家出などの不良行為をしていることが多く、対応できることが限られています。帰宅を促すか、保護者の連絡先を聞いて連絡するか、警察へ通報して同行するぐらいの対応しかできません。しかも、深夜に出会う子どもたちは、家族とのトラブル、発達障害、心理的虐待、ネグレクトなどの見えにくい問題を複数抱えていることが多く、そういった問題に対して、保護者の連絡や警察への通報は対症療法にすぎません。**深夜帯に子どもたちと出会えたとしても、子どもたちの抱える根本的な問題の解決にすぐに迫ることができないのです。**

　こうしたことから全国こども福祉センターでは、いまは深夜のアウトリーチは行っていません。通報や保護など司法的な介入が必要な子ども・若者への対応は、最寄りの警察や専門機関に任せています。全国こども福祉センターの役割は、ゆっくり話を聴いたり、対話を重ねることで人間関係を構築することに置いています。

　人間関係の構築には、時間が必要です。そして、時間に余裕があれば、対応できることも広がります。たとえば、近くのファミレスに移動して、ゆっくり食事をしながら悩みや困りごとについて話をすることも可能です。**人間関係を構築するためにアウトリーチを実践する場合には、必要な時間を確保できるような時間帯に設定するとよいでしょう。**

だれがアウトリーチをするのか

　アウトリーチは誰が実施したらよいのでしょうか。制度上、アウトリーチが規定されている場合、特定の職種がアウトリーチの担い手とされることがあります。たとえば、精神障害者の地域移行支援を目的に制定された精神障害者アウトリーチ推進事業では、単一職種ではなく、臨床心理士や作業療法士、相談支援専門員、精神保健福祉士などの「多職種チームによる訪問等で支える」と明記されています。ひきこもり支援の分野では、ひきこもり対策推進事業の強化が図られるようになり、2013年度から自治体ごとで養成している「ひきこもりサポーター」が訪問支援を実施しています。

　また、子ども家庭福祉分野では、公的機関に所属する保健師や児童相談所の職員などがアウトリーチを実施しています。このように、アウトリーチの適任者として選ばれる人は、アウトリーチを実施する事業の目的や援助機関によって異なります。

　さらに、国内のソーシャルワーカーの国家資格である社会福祉士や精神保健福祉士もアウトリーチの担い手として活躍を期待されていますが、国内の社会福祉やソーシャルワークのテキストでは、アウトリーチの名称と必要性が簡単に紹介されている程度で、具体的な方法を取り扱ったものは、ほとんど見当たりません。**アウトリーチは高度な専門性が必要だといわれながら、保育や福祉系大学の講義科目や、国家試験科目に反映されていません。**保育やソーシャルワーク（相談援助）の現場実習でも学ぶ機会がほとんどないため、アウトリーチの方法を習得させることなく、専門職を輩出していることになります。子ども家庭福祉を充実するため、あらゆる制度や事業でアウトリーチが期待されていますが、方法論の確立や知見の蓄積も十

分とはいえず、学習環境も整っていません。

　アウトリーチを学ぶ実習プログラムが用意されていないことは、厚生労働省の報告からも指摘されています。

　「実習指導者から、個別の相談援助に加え、多職種連携、アウトリーチ、ネットワーキング、社会資源の活用・調整・開発等について、具体的かつ実際的に理解し実践的な技術等を体得するために指導を受けることが目的であるが（中略）それらを実習プログラムに十分に組み込むことができておらず、職場の業務内容の学習に留まっている場合もあるとの指摘もある」

　「講義・演習・実習の充実を検討するとともに、アウトリーチ、ネットワーキング、社会資源の活用・調整・開発に関する実践能力を習得し、実際に活用できるようにするための教育内容について検討を行う必要がある。」(※4)

　全国こども福祉センターでは 10 代を含む子ども・若者がアウトリーチを行っています。かれらは福祉の専門家ではなく、むしろ、これまではアウトリーチの対象者とされた者もいます。そういった子ども・若者がアウトリーチを行うことは、専門性の放棄だとみなされ、子どもを巻き込むのは危険だと批判を受けるかもしれません。

　しかし、専門家主導のアウトリーチは、子ども・若者のニーズを十分にくみ取れないまま、支援を押し付けてしまうリスクがあります。当事者の声を聴くことなく、不用意に支援を押し付けることは、当事者の尊厳を奪うことになりかねません。アウトリーチは「介入」の側面があるだけに、対象となる子ども・若者の気持ちへの配慮が重要です。

※4：「ソーシャルワーク専門職である社会福祉士に求められる役割等について」
　　　2018 年 3 月 27 日 厚生労働省社会保障審議会福祉部会福祉人材確保専門委員会

かつて精神保健分野では、病院経営を重視したアウトリーチが行われていました。地域を巡回して対象者を監視し、問題が生じればすぐに入院させて病床を埋めるというアウトリーチです。2011年から始まった精神障害者アウトリーチ推進事業でも、委託先の多くが精神科病院となり、同様の問題に直面しました。

　精神保健福祉士として病院で勤務している鶴幸一郎氏は、「入院患者が減っていないこと」を指摘し、「アウトリーチを行う機関が精神科病院から独立した機関あるいは関係のない機関（保健所など）であれば、状態が悪化しても何とか地域で支える方法を模索するかもしれないが、精神科病院が母体となれば全体としての方針や経営に巻き込まれてしまうのは必然である。こうしたことから筆者は、アウトリーチが入院をさせるための単なる手段化してしまう懸念を持つ。」と主張しています(※5)。このようなアウトリーチは、当事者の尊厳を奪う介入行為といえるでしょう。

　また、子ども・若者みずからが、周囲の大人や地域社会に向けて直接メッセージを伝え、働きかける意義も大きく、全国こども福祉センターのアウトリーチの目的の一つです。子どもたちの発した「ことば」がロータリークラブやライオンズクラブなどに届き、問題を拾い上げてくれたことがありました。子ども・若者自身の声は響きます。これまで無関心・他人事としてきた大人であっても、直接メッセージを届けることができれば、「我が事」としてとらえてもらえる可能性もあります。

※5：鶴幸一郎「精神保健福祉士からみた医療機関におけるアウトリーチ」
　　　『精神保健福祉：日本精神保健福祉士協会誌』43(2)，2012年，P96-P99

どこでアウトリーチをするのか

　相談窓口や援助機関を利用しない人たちと出会うためには、どこに出向けばよいのでしょうか。研究者、実践者、そして、アウトリーチの受け手の立場から考えていきたいと思います。まずは 3 人の研究者が、アウトリーチを実施する場所をどこに置いているのか、その定義から紹介します。

　田中英樹氏「直接、利用者のいる場所へ出向いて個別に関わることだけ
　　　　　　でなく、住民主体のまちづくりのために、地域住民の声を
　　　　　　収拾したり、関心を高めたりする地域援助活動」
　　　　　　「その代表的な展開は家庭訪問である」[※6]
　三品桂子氏「サービスを必要とする人々の家庭や日常生活の場」[※7]
　高岡昂太氏「『家庭訪問』に近いニュアンスで用いられている」[※8]

　以上の 3 人の研究者の定義を見る限り、アウトリーチは「家庭に訪問すること」と解釈しているように思われます。その一方で「地域」「日常生活の場」「利用者のいる場所」など、場所を明確に規定していない表現も見受けられます。福祉や教育分野では、高岡氏の指摘とおり、アウトリーチを「家庭訪問」と解釈することが多く、国内では家庭に訪問する際の技術や知見

※6：田中秀樹「アウトリーチ：その理論と実践例」『コミュニティソーシャルワーク』(3)，
　　　2009 年，P32-P41
※7：三品桂子「アウトリーチ支援の国際標準と新しい動向」『精神科臨床サービス』11，
　　　2011 年，P11-P15
※8：高岡昂太『子ども虐待へのアウトリーチ：多機関連携による困難事例の対応』東京大学出版会，
　　　2013 年

が蓄積されつつあります。その反面、家庭以外の場所におけるアウトリーチの実践、知見の蓄積は十分とはいえません。

　最近は共働き家庭やひとり親家庭、単身世帯が多くなり、家庭を拠り所としない親子も増えています。援助を求められない（求めようとしない）人たちがすべて家庭にいるとは限りません。不規則な生活をしていたり、居住不明となっている人もいます。子どもが家出をしている場合は、家庭訪問で子どもと会うことはできません。

　家庭を拠り所としない子どもに対するアプローチとして、「居場所」に着目した手法があります。内閣府では、それを「直接接触型」アウトリーチと呼んでいます（詳しくは第4章のP95）。直接接触型アウトリーチは「家庭での支援が難しい若者に対する居場所へのアプローチ」で、「保護者からの情報が得られにくい若年ホームレスや非行傾向の若者へのアプローチも可能」とされています[9]。

　実をいうと、わたしは「居場所」という言葉はあまり使いたくありません。子ども・若者が本当に「居場所」だと感じているかどうかわからないのに、支援者側が「居場所」だと規定することに違和感があるからです。「居場所」となるかどうかについては、本人の主観的な判断によって決まるものとわたしは考えています。そこで、ここからあとは「居場所」に代えて「コミュニティ」という言葉を使います。

　全国こども福祉センターを設立する前からわたしが実践してきた方法が、

※9：内閣府「第5章 支援の実施 第11節 非行等幅広い分野におけるアウトリーチ（訪問支援）の手法」『ユースアドバイザー養成プログラム（改訂版）～関係機関の連携による個別的・継続的な若者支援体制の確立に向けて～』，2010年，P331-P351（P331が該当）

この直接接触型アウトリーチです。当時は「家庭訪問」以外のアウトリーチを行っている団体が確認できなかったため、試行錯誤しながら直接接触型アウトリーチを進めてきました。そして、どこに行けば援助機関を利用しない子ども・若者に出会えるのかを追究してきました。まず、メンバーの経験や意見をもとに仮説を立て、子ども・若者の集まりそうな候補場所を複数設定しました。その複数の候補場所に何度も出向き、アウトリーチに適した場所かどうかを確かめてきました。

　全国こども福祉センターでは、子ども・若者が所属する「コミュニティ」だけでなく、「行動範囲」に着目したアウトリーチを行っています。所属する「コミュニティ」とは、同じ目的を持って形成される集団のことです。家庭や学校、アルバイト先、職場、サークルなどです。「行動範囲」とは字のとおり、子ども・若者が行動している場所で、駅前や繁華街、ショッピングセンターなどをさします。

　全国こども福祉センターでは、アウトリーチを行う最優先の場所を「行動範囲」、その次に「コミュニティ」としています。ある日、突然、知らない人が近づいてきた場合を想像してみてください。駅前や繁華街などで近づいてこられるよりも、家庭や職場に近づいてこられるほうが抵抗感は強いはずです。**アウトリーチは介入的な側面があるため、「コミュニティ」で行うと、受け手に与える負担は大きくなります。「行動範囲」を優先しているのは、そのためです。**積極的で直接的な介入は、常に相手の負担を考慮することが重要です。

アウトリーチ・ポイントの設定

　全国こども福祉センターは、子ども・若者の「行動範囲」や所属先である「コミュニティ」を手がかりとして、どこをアウトリーチの候補地とするのかを追究してきました。前述したとおり、第三者が「コミュニティ」に直接出入りすることは、相手に大きな負担をかけてしまう恐れがあります。したがって、アウトリーチのしやすい場所は、オープンな場所で、かつ誰でも出入りできる、子ども・若者の「行動範囲」となります。ただし、誰でも出入りできることから、路上ライブやナンパ、勧誘行為、企業や宗教の宣伝活動にもよく利用される、ライバルも多い場所だともいえます。

　実際に子ども・若者が集まる繁華街や駅周辺を歩いたり、若者に人気のSNS に登録するだけで、多くの声かけや勧誘を受けます。利用者数の多い駅前や人の出入りが多い公共空間ほど、広告の費用対効果が高く、主催者に大きなメリットがあるからです。このような場所で勧誘を行うことは、市場原理に基づく行為といえるでしょう。全国こども福祉センターも市場原理に基づき、大勢の子ども・若者の目につきやすい場所を意識しながら、アウトリーチの候補地を選ぶようにしています。

　子ども・若者が集まる「行動範囲」は複数存在します。全国こども福祉センターでは、所属するメンバーとフィールドワークを実施し、最適な場所を選定、更新してきました。2014 年までの繁華街活動は、名古屋市内の主要駅である金山駅前、栄駅前、名古屋駅前の 3 か所で行っていましたが、メンバーと検討を続けた結果、名古屋駅前が最適だと判断しました。

　全国こども福祉センターのアウトリーチの主な対象者は、東海圏（愛知県・岐阜県・三重県）に在住する 10 代です。かれらが栄駅を利用するには、

いったん名古屋駅に出て、そこから地下鉄に乗り換える必要があり、交通費がかかります。

　また、栄駅には、大型百貨店や高級ブランドショップ、深夜営業をするクラブや飲食店が並んでおり、買い物やお金を使った遊びなど、具体的な目的を持って出向く人が多い場所です。ぶらっと子どもが立ち寄るような場所ではありません。具体的な目的を持って急いでいる通行人に声をかけるのは、相手の負担が大きく、立ち止まってくれる確率も低くなります。無理に引き留めるようとすると、逆効果となる場合もあります。さらに、栄駅周辺は広い場所が少なく、居酒屋やガールズバーなどのキャッチやキャバクラやホストクラブなどの風俗店のスカウトと競合してトラブルになることが多いため、ここで直接的な介入を積極的に行うことはやめました。

　金山駅は敷地内の半分以上を名古屋都市センターが管轄しています。駅の構内、構外に監視カメラが多く設置され、勧誘行為や路上ライブなどの活動に対する警備が厳しいため、アウトリーチにあまり向いていないと判断しました。

　栄駅や金山駅に比べて、名古屋駅は JR・私鉄・地下鉄・バスなど、多くの路線が乗り入れているため、岐阜県や三重県などの他県から来やすい場所です。利便性が高く、東海圏に住む 10 代の子どもや大学生が日常的に利用しています。さらに、名古屋駅周辺は通信制高校や専門学校、大学などの教育機関があり、通学に利用されています。10 代を対象としたファストファッション、アニメショップなどもあります。

　しかし、名古屋駅前は、複数の行政区画をまたぐ広範囲なエリアです。このような場合、広いエリア（面）から、さらにアウトリーチに適切なポイント（点）を絞り込んでいく必要があります。**アウトリーチに適したポイント（点）のことを、わたしは「アウトリーチ・ポイント」と呼んでいます。**

名古屋駅前を見渡すと、太閤通口（西口）周辺はオープンスペースが多く、噴水や広場など落ち着ける場所が数か所あります。駅を挟んだ反対側の桜通口（東口）よりも雑踏が少なく、待ち合わせや暇つぶしをする姿も多く見かけます。このことから、全国こども福祉センターでは名古屋駅太閤通口周辺をアウトリーチ・ポイントとして設定しています。

　アウトリーチ・ポイントの設定で、もう1点、重要なことがあります。それは**アウトリーチを行う側も受ける側も、互いに退路やスペースを確保できる場所を選ぶことです。**全国こども福祉センターのアウトリーチは不特定多数にアプローチしますので、相手が全員好意的であるわけでなく、なかには敵意を示す人もいます。そのため、トラブルになったときの退路や、距離を置くためのスペースは不可欠です。声をかけられる側にとっても、狭くて退路のない場所では、強いプレッシャーや恐怖心を抱く場合があります。アウトリーチの受け手の立場を考慮して、声かけに応じるかどうかを選べる場所を設定するとよいでしょう。

　なお、こうした繁華街とは別に、夏季には祭礼行事や花火大会などの会場もアウトリーチの候補地に加えています。そして、実際にイベントに足を運び、適した場所かどうかを下見してから実施します。すべてのイベントを下見することは難しいため、よく知っているメンバーや現地の出身者と相談しながら、アウトリーチに適したイベントを選ぶことになります。

　全国こども福祉センターでは、メンバーと一緒に実践してきたフィールドワーク、アウトリーチから知見を積み、それをもとに、アウトリーチ・ポイントを設定してきました。いったん設定したアウトリーチ・ポイントも、その後の実践のなかで更新するほか、当日、訪れた場所の様子を観察し、それに応じて再設定されることがあります。

第**3**章

わたしがアウトリーチを
始めた理由

児童養護施設で働き始めてからの戸惑い

　わたしは 2005 年の春に大学を卒業して、愛知県内の児童養護施設の職員として働き始めました。在学中に選択したゼミナールでは、国内の児童養護施設や、そこで暮らす子どもたちを対象に調査や研究を行っていました。担当教授だった長谷川眞人先生は、施設職員として 20 年以上の勤務経験のある実務家教員でした。大学教員を退職されてからも、すぐに NPO 法人を立ち上げ、現在も社会的養護出身者の相談や自立支援、アフターケア事業、当事者団体のサポートに力を尽くされています。

　長谷川ゼミに所属する学生は、半数近くが児童福祉関係に就職します。当時に限った話ではありませんが、公務員や社会福祉協議会の職員など、福祉業界では規模が大きく、比較的安定している就職先を希望する学生が圧倒的に多いため、児童養護施設に就職したのはわたしを含めて数名でした。

　児童養護施設は、児童福祉法第 41 条に「保護者のない児童、虐待されている児童その他環境上養護を要する児童を入所させて、これを養護し、あわせて退所した者に対する相談その他の自立のための援助を行うことを目的とする施設」と規定されています。施設の役割は、入居児童の養育、退所した者の相談、自立のための援助の 3 つです。

　児童養護施設の職員は、とてもやりがいのある仕事でした。子どもたちと遊んだり、衣食住をともにしたり、学校行事に参加したり、卒業旅行に行くこともありました。ときには言い合いやケンカもありましたが、入所児童とのかかわりをとおして、家族のような、友人のような、新しい人間関係が生まれる場所でした。

　その一方で、わたしは実情をよく知らないまま児童養護施設に就職したため、働き始めてから戸惑うこともありました。

　最初に戸惑ったのは、断続勤務と長時間労働です。児童養護施設における断続勤務とは、早朝の 6 時ごろに出勤して、子どもたちを学校に送り出し、中休憩をはさんで、夕方施設に帰園する子どもたちに合わせて、夕方の 16 時ごろから出勤する勤務形態のことです。

　施設で働く職員は、子どもの養育に最前線で携わります。どうしても子どもたちの生活にあわせた勤務形態となり、昼夜を問わず働くことになります。生活の細かいところまで踏み込み、手をかけようとすれば、勤務時間内では足りません。当時は、先輩職員の献身ぶりや一心不乱に働く同期の姿を毎日、目の当たりにしていました。

　また、感情労働 (注3) であるため、仕事とプライベートとの両立、兼ね合いが難しく、重たい気持ちを抱えたまま休日を過ごすことも珍しくありません。しかし、保育や福祉労働で働く人への心理的ケアは配慮されていないため、数年で辞める職員もいました。児童養護施設に限らず、子どもにかかわる現場では心身ともに疲れ果ててしまう職員もいました。退職者を増やさないよう、働きやすい労働環境を整備することも、重要な課題といえます。

　しかし、子どもにかかわる現場の多くでは「働きやすい環境をめざすこと」と「子どもたちのために懸命に働くこと」が両立せず、後者が「正しい」とされがちです。わたしは、労働環境に疑問を感じただけでなく、ときには労働基準法をもとに環境改善を要求しました。しかし、それは先輩たちの

注3：感情労働／教育、医療、介護などのほか、客室乗務員やコールセンターなど「感情」を使って
　　　人に接する仕事のこと。国内では 1990 年代後半にバーンアウト（燃え尽き症候群）に注目が
　　　集まり、感情労働についての研究が始まりました。近年は、「肉体労働」「頭脳労働」と並んで
　　　使用されることが多くなっています。

懸命な努力によって成り立っていた職場にあって、批判的な態度だと受け取られたようです。改善要求を口にするたびに、職場の雰囲気を悪くさせていたように思います。本来、子どもに適切に対応するには、職員の労働環境の整備は必要ですが、現実的には両立は難しかったようです。

　もう一つの戸惑いは、既存の社会的養護を中心とした児童福祉だけで子どもたちの健全な成長を十分に支援できるだろうか、という根本的な疑問です。施設の子どもたちは職員が介在して社会とかかわるため、一般家庭に比べて社会経験を積む機会があまりありません。もっと外に出て、世の中に直接触れることが、子どもたちの健全な成長に必要ではないかと考えたのです。しかし、**青少年期になると誰でも利用できる児童福祉サービスはほとんどなく、現実的な選択肢として残されているのは、社会的養護しかありません。**

　また、当時のわたしは新卒採用で世間知らずでした。自分自身が社会経験の乏しいこともあり、とても子どもたちに豊かな社会経験を積ませるだけの力はありませんでした。世の中のことを知らないわたしが、子どもたちに何を伝えられるのだろう、という不安もありました。そこで、いま世の中で何が起きているのか、子ども・若者は何に熱中しているのか、何が流行っているのかなどを知りたいと思い、時間があれば、施設の外に出て情報収集を心がけるようにしました。その際に、否応なしに外で起こっている問題を突きつけられることがあったのです。

福祉から遠ざかる子どもたち

　児童養護施設の職員は、入所児童が通う学校の入学式や卒業式、授業参観や運動会、三者面談など、学校行事に保護者として出席します。施設の中で元気にふるまっていても、学校でどうしているだろか、ちゃんと友だちがいて、居場所はあるだろうかなど、職員は気になるものです。ですので、機会があれば学校に出向くようにしていました。

　職員にとって、担当児童の学校行事に参加することは楽しみです。しかし、入所児童は、実親ではない施設職員のことを友だちに説明するのがおっくうだったり、面倒だったりします。とくに中学生や高校生ともなれば、保護者が学校に来るのを嫌がるのは珍しくはありません。施設職員が来ることを喜び、テンションのあがる児童もいれば、波風を立てないために、目立たないようにしてほしいと求めてくる児童もいます。

　ある日、わたしはAくんが通っている高校の授業参観で、大騒ぎを起こしてしまいました。一般家庭の保護者のなかに、若い施設職員（わたし）が混じっていたことが原因です。高校生の実親は40代が多いため、20代前半のわたしは完全に浮いていました。教室内はざわめきだし、ほとんどの生徒が後ろを振り返るなど、担任の先生も困惑していました。

　しばらくすると生徒たちは落ち着きを取り戻し、授業が再開されました。そこにはAくんの姿もあります。教室の後ろから見ると、一般家庭の生徒に混じっても何の違和感もなく、ごく普通に授業を聞いています。授業時間の前後の様子を見ても、友だちと仲良くしているようで、わたしはとても安心しました。帰宅後、大騒ぎを引き起こしたことをAくんにあやまると、「おれの友だち、アホばっかでしょ」と笑って答えてくれました。

わたしは授業参観のほかにも体育祭、文化祭などの学校行事にも保護者の立場で参加しました。そうしているうちに、Aくんなどの入所児童を介して、一般家庭の子どもたちにも顔見知りが増えていきました。そして、徐々に施設の外にも目が向くようになりました。

　1年後、もう一度、授業参観がめぐってきました。教室に入ってすぐに気づいたのですが、1年前と明らかに様子が違います。驚くほど静かなのです。教室を見渡しても、顔見知りになった生徒たちがいません。にぎやかな笑い声も、後ろを振り返っていた生徒の姿もありませんでした。生徒は約半分ほどに減っていたのです。

　いなくなった生徒たちは、いったいどこへ行ってしまったのでしょうか。帰宅後、Aくんに行方をたずねると「退学したよ」と教えてくれました。かれらの行方を知っているのは、友人のAくんだけでした。

　退学の理由は様々でした。飲酒や喫煙などにより停学を重ねたケースもあれば、家出や不登校で欠席が続いたケース、妊娠をきっかけに辞めたケース、暴走族や風俗店で働く先輩から誘われて自主的に中退をしていくケースもありました。そして、**かれらは少なからず、水商売や性風俗、スカウト業務、劣悪な労働条件やアルバイト、ときには犯罪による収益で生計を立てていました。**

　Aくんのように児童養護施設で養育されている子どもたちは、都道府県知事から委託を受けた児童相談所長の判断による、行政処分（措置）によって入所が決定します。相談、通告、送致を受けた児童相談所は、児童福祉法第27条に基づき、必要に応じて、その子どもの指導や一時保護、里親への委託措置、児童福祉施設への入所措置を行います。これは児童相談所だけが有する機能です。

　つまり、児童福祉施設に入所しているということは、すでにまわりの大人

や専門職から発見され、公的な援助機関による介入が行われたことを意味しています。少なくとも一時保護や入所している間は、衣食住に加え、児童相談所や児童養護施設に所属する複数の専門職から支援を受けられるため、公的な福祉が届いている状態といえるでしょう。

　一方、退学した一般家庭の生徒たちはどうでしょうか。かれらは担任や養護教諭などの教職員とのつながりを失うだけでなく、退学をきっかけに家族とも不和になり、音信不通になっているケースもありました。学校という枠組みから外れ、家族とも不和になり、気にかけ、支援してくれるような大人がいなくなったのです。**かれらは、学校社会というレールを外れることで、教育からも福祉からも遠ざかっていくように見えました。**

　わたしは強い無力感に襲われました。児童養護施設の職員には入所児童を養育するという役割があります。しかし、わたしの目の前には、発見されなかったり、保護未満とされたり、児童福祉の枠組みから漏れてしまう子どもたちがいます。当時のわたしの立場では、かれらに手を差し伸べることはできませんでした。

児童福祉における支援の重複と偏り

　児童養護施設で暮らす子どもたちは、警察や児童相談所、福祉事務所などを通じて、施設入所に至ります。意に反して保護され、行政処分の結果として、施設入所となるケースもあります。近年は、児童養護施設の小規模化が進んでいますが、数十名定員の施設も多く、集団生活が特徴的で、一

般家庭と住環境が異なります。

　児童養護施設では、安全確保や事故防止のため、あるいは施設を円滑に管理・運営するため、様々な規則が決められています。とくに、定員40名以上の大舎制 (注4) と呼ばれる施設では、プライバシーの確保が難しく、個室が与えられないこともあります。起床時間や消灯時間も決められていることが多く、施設での生活を窮屈に感じる子どももいます。なかには、ストレスを強く感じたり、自分の思いがとおらず、暴力をふるったりする子どももいます。

　現在は、乳児院や児童養護施設のような「施設養護」よりも、里親制度の活用や養子縁組、ファミリーホームのような「家庭養護」のほうが、子どもにとって望ましいと考えられるようになりました。小規模グループケアやグループホーム（6人定員の児童養護施設）も増えています。また、2017年8月には「新たな社会的養育の在り方に関する検討会」が、社会的養護から理念を転換して、家庭養育を最優先した「社会的養育ビジョン」を発表しています。

　一方で、施設での暮らしが心地良いと感じる子どももいます。入所児童にとってよりよい生活が送れるよう、施設職員も試行錯誤の毎日です。入所児童による自治会や部会が設けられている施設もあります。そうした施設では、職員の立会いのもと、入所児童が意見を出し合い、規則やルールについて話し合うこともあります。

注4：大舎制／児童養護施設は規模・形態の違いにより、大舎制、中舎制、小舎制に分類できます。大舎制がもっとも規模が大きく、20人以上の子どもが入所する施設で、1部屋3〜4人の生活が基本となっています。中舎制、小舎制と順に規模が小さくなるに従い、集団の単位が小さくなり、より家庭的な環境に近づくと考えられています。

　児童養護施設は、2010年に始まったタイガーマスク運動や、テレビドラマの『明日、ママがいない』（日本テレビ系列2014年1月～3月）が全国放送されたことにより、広く認知されるようになりました。タイガーマスク運動は、匿名でランドセルや学用品などを児童養護施設に寄付する行為のことで、全国各地で行われています。もともと児童養護施設は、企業や支援団体、個人からの寄付や支援が集まる場所でしたが、タイガーマスク運動やテレビドラマなどをきっかけに、さらに注目を浴びるようになりました。

　わたしが働いていた施設も、複数の有名企業から大量のお菓子や学用品、お年玉などの支援をいただいていました。野球観戦やサッカー観戦、フットサルや外食などの招待行事も多く、入所児童の長期休暇の予定はすぐにいっぱいになります。

　ときに消化しきれないほどの支援が集まり、職員は頭を悩ませていました。いただいた支援を平等に分配するだけでも、かなりの時間がかかります。食品であれば、賞味期限や安全・衛生面にも留意が必要です。ランドセルや学用品などは措置費（教育費）の対象であるため、子どもたちは自分で好きなものを選んで購入しています。ところが、支援を受けると自分で選べなくなることもあります。どちらがうれしいと感じるのかは、入所児童本人にしかわかりません。

　また、支援を受けた場合、お礼状を返すことが暗黙の決まりとされていました。喜んでお礼状を書く子もいれば、お礼状が苦痛で、不満をこぼす子もいました。支援を受けたときの礼儀として、お礼状を返すことは身につけるべき作法かもしれません。ところが、せっかくいただいた支援物資を「そんなのいらない」と捨てたり、サッカーや野球などの招待行事を「興味ない」と拒否する子どももいます。

　それでも、支援物資や招待行事は次々と届きます。**入所児童が求めてい**

るものと、**支援内容が必ずしもマッチするとは限らないのです。これでは むしろ、物のありがたみが軽んじられる恐れもあります。**支援のミスマッチを減らすための「愛知県の児童福祉施設ポータルサイト 児童福祉の架け橋」というサイトも運営されているほどです。そこでは「寄付・物品・ボランティアなど、善意の支援が一箇所に集中したり、一方通行にならないよう調整するサイトを目指します」と説明されています。

　乳児院や児童養護施設、里親のもとで暮らす子どもたちの衣食住や学校の費用、そこで働く職員の給料などは、すでに措置費（事業費や事務費）として予算化されています。衣食住が保証されているほか、児童相談所が発行する受診券により、病院受診による窓口負担もありません。名古屋市では福祉特別乗車券が交付されており、障害者や児童養護施設の入所児童の場合、公共交通機関の利用が無料となります。

　厚生労働省によると、児童養護施設における児童一人当たりの措置費は月額28万円で、小規模グループケア加算などを含めると、さらに児童一人につき月額8万7千円が上乗せされます（厚生労働省「2017年12月社会的養護の現状について（参考資料）」）。年間にすれば、加算を除く措置費だけで336万円（28万円×12か月）になります。養育里親、専門里親についても委託にかかわる措置費が支給されています。ただし、措置費も加算部分もすべて児童養護施設や里親への委託料として支払われるため、使途は決められています。子ども本人が直接受け取ったり、自由に使ったりすることはできません。

　それに対して、母子世帯の平均年収は243万円です（厚生労働省2016年度全国ひとり親世帯調査）。単純比較すると、児童養護施設のほうが法人としての基盤もあり、財源も場所も職員も確保されているため、余裕があるようにも思えます。

　今後も乳児院や児童養護施設などの児童福祉施設に注目が集まれば、ますます支援が集中し、偏っていくことになるでしょう。ところが、福祉から遠ざかり潜在化している子ども・若者の問題については認知されず、支援者の視界にすら入りません。このように**支援は選別され、機会の不平等を招いているのです。**

　支援の重複や偏りが生じているのは、支援団体や個人からの支援物資や寄付金だけではありません。社会福祉の制度上の不備や欠陥も大きな重複や偏りを生み出しています。この問題は本書の核心でもあり、第 5 章で改めて取り上げます（P132）。

子ども・若者への SNS の普及と性産業

　わたしは、退学後に行方がわからなくなった生徒たちのことが気にかかりました。そして、学校を辞めていった子どもたちの多くは、当時、新たに登場したコミュニティサイトや SNS で、不特定多数の人とつながっていることがわかりました。

　国内では、携帯電話の急速な普及と進化に伴い、子ども・若者のコミュニケーションや行動に大きな転換期が訪れます。携帯電話端末によるインターネット接続（携帯電話 IP 接続サービス）が可能になり、携帯電話向けサイトが閲覧できるようになります。また、2004 年から通信料定額制プランが登場し、実質的に使い放題となると、国内で SNS の会員数が急増します。2010 年には大手 SNS（モバゲー、GREE、mixi など）の会員数が

2,000万人を超えました(注5)。

　SNSは、プロフィール機能やメッセージ送受信機能、タイムライン機能、相互リンク機能、ユーザー検索機能など多彩な機能があり、無料でゲームが楽しめたり、他の会員（ユーザー）との交流もできます。さっそく、入所児童のAくんが教えてくれたSNSを登録してみると、10代、20代の会員でにぎわっていました。メッセージをやり取りすれば、わたしも年齢の離れた10代の会員とすぐに仲良くなることができました。SNSは、出会い系サイトと異なり、規制の対象にならず、身分証明書の提示も必要ありません。誰でも気軽に利用できる点も人気の理由の一つでした。

　かつては家族や地域、学校という枠組みのなかでコミュニケーションが図られていました。ところが、SNSが普及してからは、従来の枠組みを越えて、気軽に誰とでもコミュニケーションが取れるようになりました。SNSの普及は、それを利用する子ども・若者にとって、新たな出会いを生み、人間関係を広げるものとなったのです。

　しかし、同時に**SNSを介して犯罪やトラブルも発生するようになります**。わたしはSNSの利用実態を確認するため、公開されているプロフィールや投稿内容を観察したところ、家出や売春、違法風俗店や違法ビジネスの勧誘、スカウト行為など、危険性の高い投稿が散見されました。

　当時はサイバーパトロールやフィルタリング機能も普及しておらず、SNSは無法地帯と化していました。そして、この無法地帯に、いち早く出向き、コミュニケーションを図ろうとする人たちがいました。教育者や福祉の専門家ではなく、子ども・若者をねらったビジネスや犯罪を目的とする人たちです。

注5：総務省『2011年度版情報通信白書』第3章「共生型ネット社会」の実現がもたらす可能性
　　　第2節ソーシャルメディアの可能性と課題

その結果、SNS を利用する 10 代や 20 代の子ども・若者が犯罪の被害者に、ときには加害者になることもありました。

　子ども・若者のコミュニケーションの場が、インターネットや SNS にシフトして数年が経過しても、教育者や福祉の専門家は介入できていませんでした。SNS を介したコミュニケーションや介入は、子ども・若者を支援する際に必要なスキルです。しかし、その方法は、教育や福祉などの専門家養成を行う大学や専門学校などで注目されておらず、現在もカリキュラムやテキストに組み込まれていません。

　わたしは施設で働きながら一人で調査を続け、無法地帯は SNS だけではないことに気づきます。雑誌広告やインターネット広告も規制がゆるく、「話すだけで、10 日間 50 万円保証！」「簡単な接客で、高収入！」など、曖昧な内容の求人広告もよく見かけました。実際に電話で問い合わせたり、応募してみると求人内容とまったく異なり、違法な業務だったこともあります。

　繁華街でのキャッチやスカウトも子ども・若者をターゲットとしていました。いまでもアクセスのよいターミナル駅や繁華街などでは、路上スカウトが子ども・若者を盛んに勧誘しています。かれらは、高収入や日払い、自由出勤などの好条件を提示して、ホストやキャバクラ、ガールズバーなどの水商売、ソープや店舗型・出張型のヘルスなどの性風俗産業を紹介します。ときには違法な仕事を紹介する路上スカウトもみられます。主要なターゲットは、児童養護施設の在籍者・出身者や高校を中退した 10 代です。

　実際にスカウト行為を受け、福祉施設を抜け出して、水商売や性風俗に従事している 10 代や 20 代から話を聴くと、「施設と比べて自由だから」という答えが返ってきました。ほかにも**「親（または施設）から離れたかった」****「一人暮らしがしたい」****「看護学校に行きたい」****「海外旅行に行きたい」****など、自由を求める声が聞こえてきます。**母子生活支援施設の利用を拒否

する 10 代の女性は、ひととおりの福祉施設を利用した経験から、「監視さ
れたり、職員に口出しされることが嫌だった」といいます。生活保護の受給
を拒否する 10 代の女性は、「申請書類や手続きが面倒だし複雑だから自分
から断った」といい、「性風俗で働けるから必要ない」と主張します。

　性風俗産業の市場規模は 5 兆円以上（モリコウスケ氏著『デリヘルの経
済学』2007 年）と報告されています。短期間で高収入が得られ、学歴や特
別な資格・条件も必要ありません。求人情報もインターネット広告や SNS、
勧誘行為などをとおして広く出回っています。**性風俗産業は貧困女性のセー
フティネット、貧困層のライフライン**（『東洋経済オンライン』2016 年 1 月
31 日）とメディアや書籍で紹介されるようになりました。しかし、ルポライ
ターの中村淳彦氏によれば、「現在、キャバクラ、風俗、AV 女優、売春な
どは一般女性の志願者が増えすぎ、過剰供給にある。価格は暴落、貧困
女性のセーフティネットとしての一面は完全に失われた」[※10] と述べ、「風俗
はセーフティネットではない」と指摘しています。

ソーシャルワーカーとしての活動開始

　わたしは、福祉の手が届かず潜在化していく子どもたちがいる一方で、
SNS が 10 代、20 代から支持を集めていることと、水商売や性風俗も 10

※ 10：中村淳彦「風俗市場も崩壊 シングルマザーの歯止めなき貧困」『文藝春秋オピニオン 2018 年
　　の論点 100』文藝春秋 2018 年 1 月 ,P186-187

代、20代に効率的に介入していることを知りました。

　その一方で、当時の児童福祉やソーシャルワークの実践は、保護や救済的な取り組みばかりで、積極的な介入による予防的な実践は見られませんでした。わたしは児童養護施設の職員として働きながら、児童福祉やソーシャルワークのあり方、支援観について疑問を抱くようになりました。ソーシャルワーカーの役割は、問題を抱えた当事者への介入や保護や救済だけではなく、予防活動や新たな社会資源の開発、権利保障や豊かな生活の実現に向けた取り組みもあるはずだと考えました。

　そこで、わたしは在職中から、福祉の手の届かない子ども・若者に対する働きかけを手探りの状態で始めますが、職場や同僚に迷惑をかけていることに気づきます。当時は、副業や兼業は原則、禁じられていたこともあり、施設職員の仕事をしながら新しい取り組みにチャレンジすることは無謀でした。いま振り返ると、職場に敬意を払うこともなく、歴史を積み重ねてきた慈善事業や児童福祉を否定し、それを根幹からくつがえすような言動をしていたように思います。わたしは職場の同僚や入所児童に対する申し訳ない気持ちと、自分が本当にやりたいことを天秤にかける日々が続き、心身ともに疲弊していきました。

　そして、当時のパートナーの後押しもあり、わたしは勤めていた児童養護施設を退職することにしたのです。そのときに後押ししてくれた彼女の励ましや献身的な行動によって、わたしは一歩踏み出すことができました。

　退職後、わたしは個人で活動を始めますが、いきなりつまずくことになります。人脈も資金も何もない状態で、何から手をつければいいのか、わからなかったのです。ただ漠然と「仲間」が必要だという思いはあり、協力者を集めようと考えました。

　まずは、ソーシャルワーカーなど社会福祉の知見を持つ仲間を集め、組

織の立ち上げをめざします。ソーシャルワーカーが子ども・若者の集まる場所に出向き、徐々に接点やかかわりをつくるという活動イメージは持っていました。出向く先は、大勢の子ども・若者が出入りするようなコミュニティです。SNSやインターネット上も含みます。ソーシャルワーカー自身がコミュニティに所属して、日常的に出入りをすれば、相談や援助要請ができない（しない）子どもや、潜在的にリスクを抱えている子どもたちを発見できるのではないか、と考えたのです。

イベントを成功させる大学生から学ぶ

　まず、わたしと年齢が近い、多くの若者が出入りするコミュニティを探しました。ねらいをつけたのが、インカレサークル（インターカレッジサークルの略）や社会人サークルです。インカレサークルとは、他大学の学生と交流できる学生サークルのことです。サークルによっては、OB・OGなどの社会人、高校生も出入りできるところもあります。社会人サークルに比べ、インカレサークルは参加人数も多く、男女比も同じくらいで、盛り上がりを見せていました。

　わたしは大学生のふりをしてキャンパスに入ることもありましたが、しばらくしてから大学OBでも受け入れてくれるサークルも見つかり、複数のインカレサークルに所属、参加するようになりました。このときに参加したバドミントンやフットサルのサークルは、現在の全国こども福祉センターの活動のルーツになっています。

　大学生が集まるインカレサークルに出入りするようになってから、次に協力者を募り始めました。ただし、どのサークルもそれぞれ独自の目的があるため、単独で勝手な行動はせず、しばらく一般の参加者に徹しました。そのため、一気に協力者を集めることはできませんでした。

　複数のサークルに出入りしているうちに、集客力があるサークルに興味が湧くようになりました。人気のあるサークルと、そうでないサークルの違いも明確になってきます。愛知県では、社会人のサークルよりもインカレサークルが圧倒的なにぎわいを見せていました。わたしは主催する学生が、どんな方法で大勢の学生を集めているのか、疑問を持ちました。会社組織と違い、給料などの金銭的対価はないので、それに代わる別の魅力があるはずです。

　なかには、大勢の学生や社会人を集めて大規模なイベントを開催するインカレサークルもありました。一人 8 千円という高額な参加費にもかかわらず、100 人近く集客しているのです。実際に参加してみると、手軽にマリンスポーツが楽しめて同世代の友だちができる、とても満足度の高いイベントでした。収益性も高く、分厚い札束をうれしそうに数える幹部メンバーの姿が印象的でした。マリンスポーツだけでなく、河川敷でのバーベキュー大会なども同じように盛況で、幹部メンバーの学生たちは次々とイベントを成功させていきます。

　集客方法も斬新で、当時はまだ珍しかった Facebook や Twitter、YouTube などで広く発信していました。とくに YouTube での動画配信は、端的でわかりやすく、イベントの楽しさがリアルに伝わるものでした。まだ YouTuber (注6) やインフルエンサー・マーケティング (注7) という概念もなかった時代に、インカレサークルが結果を出していたのです。

東海地方のインカレサークルは、2011 年 3 月に発生した東日本大震災を境にさらに増加しました。海外支援や東北支援を掲げるボランティア色の強い団体から、遊びやイベント目的のグループまで様々なタイプのものが乱立し、大勢の学生たちを巻き込んでいました。

　よく観察すると、10 代の男女が多数出入りしているサークルがあることに気づきました。そのなかの 10 代の女子メンバーは、サークルの幹部に抜擢され、広告塔として集客に大きく貢献していました。ところが、ほかの幹部から話を聞くと、女子メンバーの多くは、いじめにあい不登校状態であったり、自傷行為や服薬があったり、家族と不和で家出をしている子どもたちだといいます。当時のわたしは、楽しそうに参加している女子メンバーが、その背景に様々な課題を背負っていることを知り、複雑な気持ちになりました。彼女たちは、自身の心の隙間を埋めるために、サークルに居場所を見つけて依存しているようにも見えました。

　彼女たちは、サークル活動をとおして親しくなったわたしに、いろんなことを正直に教えてくれました。サークルの主催者は東北支援を表看板にあげながら、男子学生の気を引くために女子メンバーに集客させ、集客の成果に応じて参加費を割引したり、高校生でも幹部に抜擢するなど、ビジネスライクに活動していることも話してくれました。それだけでなく、少女に飲酒を勧めたり、集めた募金を私的に流用したり、違法行為にも手を染めていることを打ち明けてくれたのです。耳を疑うような話ですが、**実際に足を運び、**

注 6：YouTuber（ユーチューバー）／自分の作成した動画を YouTube 上や SNS などの動画共有サービスをとおして発信し、動画再生で得られる広告収入、企業案件による収入で生計を立てる人物。
注 7：インフルエンサー・マーケティング／世間に与える影響力が大きい行動を行う人（インフルエンサー）が発信する情報を企業が活用して宣伝すること。

彼女たちと知り合うことで、初めて生々しい実態を把握できたといえます。

　このような現状をソーシャルワーカーが把握していれば、先手を打って何らかの行動を起こせたかもしれません。ところが、前述したように、当時の児童福祉やソーシャルワーカーは、積極的に出向いて介入する取り組みを行っていませんでした。

全国こども福祉センターの立ち上げ

　アウトリーチ活動や支援活動を行うには、周囲の協力や仲間が必要不可欠となります。わたしはソーシャルワーカーをはじめとする社会福祉の専門家や福祉系大学に通う学生たちに協力を呼びかけますが、なかなか理解を得られず、組織を立ち上げることができませんでした。

「実績がない、前例がない」
「児童養護施設の子どもを救済したほうがいい」
「福祉って介護じゃないの?」
「それって（支援する側は）食べていけるの?」

　厳しい批判を受けるのはまだましなほうで、周囲の大人や専門家からは基本的に相手にすらされませんでした。まずは周囲の教育・福祉関係者に、これまでの保護や救済の考え方から脱却してもらわないと、賛同や協力を得られません。そもそも国内のソーシャルワーカーは、公的機関や民間団体

と雇用契約を結んでおり、そこから給与をもらっている以上、業務内容から外れた活動はできません。当事者目線で公正性が求められるソーシャルワーカーが組織に縛られることは、大きな矛盾ですが、それが現実です。

教育・福祉関係者から協力を得られないなかで、真っ先に協力をしてくれた人たちがいます。それは、子ども家庭福祉の当事者ともいえる10代、20代の子ども・若者でした。かれらの協力のもと、わたしは2012年に任意団体として、全国こども福祉センターを立ち上げ、本格的にアウトリーチ活動を開始しました。

当初の活動内容も基本的に現在と大きくは変わりません。mixiやGREEなどのSNSでつながりをつくったり、Facebookで支援を募ったり、アウトリーチ活動やイベントの宣伝をしました。そして、繁華街や祭礼行事での声かけやイベント開催を続けることで、継続的に子ども・若者が出入りするようになります。

積極的にこちらから出向き、興味をひくようなイベントを開催することで、福祉の手が届いていない子ども・若者にも出会えるようになりました。また、アウトリーチをとおして出会った子ども・若者からも共感されるようになり、そのなかから協力者として参加する者も現れます。若い男女がスタッフとなり、数十名から最大150人規模のイベントを運営するなど、全国こども福祉センターの活動は口コミで広がっていきました。

その一方で、わたしは東海地方のインカレサークルからは妬まれ、徹底的に叩かれるようになります。前述したとおり、一部のインカレサークルは女子メンバーたちの抱える課題を解決するどころか、彼女たちの依存心をビジネスに利用していました。しかも、募金を悪用するという詐欺行為にも手を染めていたのです。

そこで、わたしは注意する必要があると考え、そのサークルに正面から

批判を加えました。それが主催者たちの逆鱗に触れ、しばらくの間、逆に
わたしのほうが批判と誹謗中傷の集中砲火を浴び、著名人や警察を巻き込
むほどの大事件になったのです。わたしは心身ともに疲弊しましたが、当時
のパートナーやメンバーの支えもあって乗り切ることができました。

　当時のわたしは、責任感から行動したつもりですが、サークルの主催者
や女子メンバーたちの考えを変えることはできませんでした。外からの働き
かけでは変えることはできなかったのです。このときから徐々に、**本人がみ
ずから気づかなければ、問題は本質的に解決しないと考えるようになりま
した**。

当事者不在による問題意識のすれ違い

　全国こども福祉センターは設立当初から、支援をする・されるという関係
ではなく、仲間として迎え入れるという姿勢で子ども・若者に働きかけ、そ
の後、実際に同じメンバーとして活動をともにしていました。

　このことは子ども・若者の共感を得られやすい一方で、見学に来た他機
関・他団体の人からは驚かれました。なかには、こちらの話を一切聞くこと
なく、子どもたちを興味本位で眺めていくだけの関係機関、見学者もいまし
た。「子どもたちを支援したい」「支える側になりたい」という気持ちで参加
するボランティアと話がすれ違うこともありました。また、ときには教育者や
専門家からは辛辣に批判されたりもしました。

「悲惨な状況で困っている子どもはどこにいるの?」

「支援の必要な子どもたちを見極めるコツは?」

「誰がスタッフで、誰が支援対象者なの?」

「居場所がなく、家出をしている子どもの支援をしたくて来たのに……」

「自分の得意な音楽で役に立ちたいのです」

「この活動って、何の意味があるの?」

「非行少年を甘やかしているだけではないか」

　どうやら問題意識が根本からすれ違っているようです。大学や専門学校で学ぶ社会福祉や実社会で実践されている既存の社会福祉は、介護が必要な高齢者や障害者、要保護家庭（児童）などを対象としています。そのため、わかりやすい課題を抱え、明らかに支援が必要な状態にならないと、支援に対する動機づけができず、モチベーションが上がりにくいのです。

　全国こども福祉センターは、あらかじめ問題を設定せず、所属しているメンバーそれぞれの問題意識を尊重したいと考えています。子ども・若者一人ひとりが抱える問題は多種多様で一律ではないからです。ところが、本人不在のまま、一部の支援者や専門家だけで「問題」を設定し、その「問題」に対して「支援」が行われていることも少なくありません。

　国内では、子ども・若者が中心となってアウトリーチを実践する団体は少ないため、全国こども福祉センターには、マスコミなど多数の取材が訪れるようになります。しかし、極端に悲惨な事例や深刻な問題ばかりを求められたため、わたしはその都度、まるで悲惨な事例を売り物にしているような感覚に襲われました。何度も取材に応じて気づいたのは、困窮している子どもや売春している少女など、わかりやすいコンテンツ（内容）を提供しなければ、記事や映像になりにくいということです。貧困を見世物にする行為のこ

とを「貧困ポルノ」といいますが、このことは第 5 章の「課題（5）感動ポル
ノと貧困ポルノ」で詳しく取り上げます（P138）。

支援を前提としないアウトリーチへ

　全国こども福祉センターを立ち上げた当初は、わたしも子どもたちを「支
える側」になりたいというイメージを持っていました。しかし、実際に現場
で多くの子ども・若者と出会い、自分が力不足なこともあって、逆に相談に
乗ってもらったり、助けてもらったりすることが多くありました。

　わたしが落ち込んでいるときなど、口にしなくても子どもたちは察してくれ
て、「いま、どうしてます?」「少し痩せたんじゃないですか?」「ムリしない
でね」と、連絡をくれるのです。わたしは、ずいぶん励まされました。こう
して**繰り返し「支えられる側」を経験することによって、これまでの一方
的な支援とは異なる、「相互関係」を見出すこと**ができたのです。「相互
関係」とは前述したとおり、一方通行ではなく、お互いに影響しあう関係の
ことです。

　また、設立当初、わたしは「孤立防止」や「非行防止」などの目的を掲
げ、「居場所づくり」をはじめとする活動をしていました。活動する際のルー
ルや枠組みも明確に設定していました。わたしを含めた幹部メンバーが決め
た目的を共有し、ルールや枠組みを守ってもらうことで、アウトリーチで出
会った子ども・若者の「健全な成長」を期待していたのです。ところが、他
人から注意や指導を受けても、本人が「このままじゃいけない」と本気で思

わなければ、行動は変わりません。注意や指導をしても、良好な関係が築けていなければ、話すら聞いてもらえないこともあります。

　一方、仲間に加わったメンバーと一緒に活動をし、同じ時間を共有していると、ごく自然に対話が生まれます。それは「支援者」と「支援対象者」の関係とは異なります。そして、一緒に活動を続けていくうちに、アウトリーチに参加する子ども・若者が成長するのを目の当たりにするようになりました。**課題意識を持って社会活動に参加する姿は、決して「支援対象」ではなく、社会の担い手だといえます。**

　しばらくして、わたしは「支援」が目的なのか、それとも「仲間」として迎え入れたいのか、両者の間で揺れ動くようになりました。わたしたちは専門家集団として活動しているわけではありません。専従の職員も置いていません。ほかの援助機関よりも、高いレベルの支援やサービスを提供することが目的でもありません。ところが、福祉分野で活動する以上、「支援活動による成果」が求められました。アウトリーチを実践していることで、社会から寄せられる関心や期待は、「支援が必要な子どもを見つけ出し、かれらを救済するストーリー」でした。

　わたしは、周囲の期待に反して「アウトリーチは実践するが、支援を目的としていないこと」を根気よく伝えました。初めて出会う子ども・若者に対して、いきなり支援が必要かどうかを判断し、選別することに疑問を感じていたからです。

　第7章のインタビューにもあるように、本人の声を聴いて一緒に考えること、そして「かれらが求めているのは本当に保護や支援なのだろうか」という、根本的な問いから始めることは重要です。また、子ども・若者と向き合うたびに、支援・被支援の関係ではなく、ごく普通の人間同士のつきあい方が重要であるということにも気づかされます。繁華街やSNSなどのアウト

リーチで出会う子ども・若者に限らず、わたしが担当する大学や専門学校に在籍する学生たちも同様です。かれらは普段から支援する側・される側の区別のないフラットな関係のなかで生活をしています。

　そこで、わたしは全国こども福祉センターの活動目的を「支援」に置くのではなく、アウトリーチで出会った子ども・若者を迎え入れ、人間関係を築いていくことに方向転換をすることにしたのです。危機的な状況である場合を除き、支援は必要なタイミングで行えばよいのですから。

　支援は無条件に「正しい」とされやすく、支援を受ける側の「尊厳」を軽視しがちです。全国こども福祉センターでは、設立当初から子ども・若者の尊厳や自己決定の機会を奪わないために、かれら自身も活動に参加できるような仕組みを整えてきましたが、実際に活動を続けるなかで、それがどのような支援よりも重要なことだと確信するに至りました。そして、**支援を前提に介入するのではなく、まずは一人の人間として向き合うことからスタートする「支援を前提としないアウトリーチ」が全国こども福祉センターの基本となりました。**

　10 代、20 代の子ども・若者は国内に 3,400 万人以上もいます。どんなに優れた実践であっても、特定の人にしかできない実践では広がりません。一部の著名人やカリスマだけにしかできないような取り組みも同様です。最近は児童相談所の人員不足が指摘されていますが、**一人の有資格者が100 人の子どもを見守るより、100 人の仲間で支え合うほうが、より手厚く柔軟な対応ができるはずです。**

　わたしはアウトリーチを実践するかたわら、全国こども福祉センターに所属するメンバーにアウトリーチのノウハウを伝えるようにしました。そして、所属する社会人ボランティアや周囲の関係者からの要請もあり、2014 年からアウトリーチ研修をレギュラーで実施するようにしました。2019 年度からは

さらに発展させて、社会人や学生のメンバーたちが研修委員会を立ち上げて主催するようになっています。

アウトリーチの様々な目的・形態

アウトリーチの起源は保健活動

　国内で刊行されている子ども家庭福祉やソーシャルワークに関するテキストでは、アウトリーチについて記述はされていますが、その多くは定義が明確ではなく、説明が不十分です。そこで、第4章では、国内で実践されている様々なアウトリーチの目的・形態について紹介します。

　アウトリーチの起源はイギリスの慈善事業にあります。19世紀後半、イギリスでは産業革命に伴い、衛生状態の悪化、伝染病や貧困が社会問題となります。1859年、ウィリアム・ラスボーンは貧困者に看護婦を派遣し、病人の看護だけでなく、衛生面での生活指導を行い、病気の予防に取り組みました。この巡回看護（訪問看護）が、保健師活動の始まりとされています。1862年にはマンチェスターで貧困者に保健情報を届ける活動（公衆衛生看護活動）が始まっています。

　日本での保健活動は1887年、京都看病婦学校による巡回看護が始まりとされています。その後、日中戦争（1937年〜45年）が始まり、戦時体制における政策として、国民の体力向上や伝染病対策、疾病対策、人口増加対策などが求められるようになります。そして、1937年の保健所法制定、1938年の厚生省創設により、徐々に衛生行政が整備されていきました。現在の日本は長寿国となりましたが、当時は乳幼児の死亡率も高く、平均寿命は男女ともに40代でした（厚生省医務局編『医政行政史』1976年）。

　戦前と戦後で目的は異なりますが、巡回看護や公衆衛生看護活動は、現在の保健師の活動につながっています。保健師とは、地域住民の健康相談や衛生教育、訪問看護などを行う地域看護の専門家のことをいいます。看護学を研究する佐伯和子氏は「保健師の活動の原点はアウトリーチと社会

福祉で、こちらから出向いていく活動」(※11) と述べています。

　また、次の説明のように、アウトリーチの起源はソーシャルワークの活動であるとの主張や解釈もなされています。「アウトリーチの起源は地域に密着して働くソーシャルワーカーの活動にあり、サービスを必要とする人々の家庭や日常生活の場に出向き、サービスを届けたり、活用可能なサービスの情報を届けたりすることであり、この活動はケースの発見と強く結びついている」(※12)

　ソーシャルワークの起源も同じくイギリスで、1869 年に発足した慈善組織協会 (COS) の友愛訪問 (家庭訪問) とされています。イギリスの保健師活動やソーシャルワークの活動からアウトリーチは、「日常生活の場に出向き、必要な支援や情報を届けること」「新たなケース (問題や支援が必要な人) の発見」に、まとめることができます。このような活動は、明治時代に行われていた日本国内での慈善事業と類似しています。

子育て家庭に対する訪問事業

　日本では 1989 年に、研究者によってイギリスのアウトリーチの実践が初めて紹介されました。このときの事例が、認知症の高齢者の自宅に出向き、

※11：佐伯和子「新たな公衆衛生看護の創造—社会的公正を理念とする保健師活動—」
　　　日本公衆衛生看護学会誌，1(1)，6-11，2013年
※12：Barker,R,L,：The Social Work Dictionary, 5th Edition. NASW Press, Washington DC, 2003

起こして送迎バスに乗せるまでのサービスだったため、それから長い間、ア
ウトリーチは主に高齢者の介護サービスの一つの方法とされてきました。

　また、高齢者の自宅に出向いたことから、アウトリーチは「訪問活動（＝
家庭訪問）」であるという認識が国内で定着するようになりました。全国こ
ども福祉センターの活動のように、「訪問活動」ではないアウトリーチもあ
るのですが、「アウトリーチ」と「訪問活動」の2つの用語が混同されて使
用されることが少なくありません。乳幼児や精神障害者、不登校やひきこも
り、貧困家庭に対して支援を行う援助機関も、家庭への訪問活動を実施し
ています。**援助機関によるこのような支援方法を「アウトリーチ（訪問支
援）」や「訪問型アウトリーチ支援」と表記したり、説明していることが多
く、家庭訪問とほぼ同義で使われているのが現状です。**

　国内の法律や制度で訪問支援を実施することが明記されたのは、1961年
の新生児訪問指導事業、1962年の妊産婦訪問指導です。この事業は、児
童福祉法を根拠として行われていましたが、1965年の母子保健法制定以
後は、同法の第11条と第13条に規定されました。当時はすべての新生児
が対象ではなく、育児上必要があると認めるときと、対象が限定されていま
した。

　すべての新生児が対象となったのは2007年に始まった「生後4か月まで
の全戸訪問事業（こんにちは赤ちゃん事業）」からです。この事業は、厚生
労働省が母子保健法に基づき、次世代育成事業として創設されたものです。2009年には、改正児童福祉法が施行され、乳児家庭全戸訪問事業が
スタートしました。厚生労働省のガイドラインでは、「子育ての孤立化を防ぐ
こと」や「地域の中で子どもが健やかに育成できる環境整備を図ること」を
目的としており、母子保健を目的とする訪問指導とは目的が異なります。継
続して支援が必要な家庭には、同年に法定化された養育支援訪問事業など

によって、育児不安のある子育て家庭などへの訪問が行われるようになりました。しかし、厚生労働省による2015年4月〜2016年3月の調査（養育支援訪問事業の実施状況調査）では、「対象家庭全てを訪問できた」と回答があった市町村は全体の45.7%で半数に満たず、訪問支援の課題が浮き彫りとなりました。

　日本のアウトリーチ研究では、この乳児家庭全戸訪問事業もアウトリーチに含まれるという見解もあります。しかし、制度的な全戸訪問という点で、アウトリーチというよりは、自宅での情報提供や相談援助など訪問支援の概念が相応しいといえるでしょう。

内閣府のアウトリーチ（訪問支援）研修

　日本の社会福祉に関する制度や施策に「アウトリーチ」という用語が明記されたのは、内閣府主催の「アウトリーチ（訪問支援）研修」です。

　なお、内閣府や厚生労働省などがアウトリーチについて語るときには、「アウトリーチ」のあとに（訪問支援）と付けて、「アウトリーチ（訪問支援）」と表記されます。おそらく、本来のアウトリーチのうち、狭義の「訪問支援」を対象にしていることを明示するためだと、わたしは推測しています。本書でも、内閣府や厚生労働省などの施策としてアウトリーチを説明する際には、「アウトリーチ（訪問支援）」と表現しています。

　内閣府主催のアウトリーチ（訪問支援）研修は、ニート、ひきこもり、不登校などの社会生活を営むうえで困難を有する子ども・若者の支援に携わる

人材を養成するため、2010年から開始されています。前年の2009年7月に創設された子ども・若者育成支援推進法第15条の「子ども・若者の住居その他の適切な場所において、必要な相談、助言又は指導を行うこと」に基づく施策です。また、アウトリーチに関して次のような記述もあります。

　「ひきこもり状態等の子供・若者は、自ら相談機関に出向くことの難しい場合が多く、支援者が直接的に支援する方法として、訪問支援（以下『アウトリーチ』という。）が有効とされており、内閣府では平成22年度から、アウトリーチに必要とされる知識・技法や、地域における関係機関との連携等、支援のコーディネート力を広く習得する研修として、『アウトリーチ（訪問支援）研修』を実施しています」(※13)

　内閣府は、アウトリーチ（訪問支援）研修の研修報告書をホームページに掲載しています。それを見ると、毎年、ほぼ同じ講師と実習受け入れ先が並んでいることがわかります。参加する援助機関も、不登校やひきこもり、就労支援を専門とする機関となっており、研修参加者も公的機関や事業を受託している民間機関の職員が中心となっています。また、アウトリーチ（訪問支援）研修は毎年1回の開催（東京のみ）で、定員も20名が上限となっており、多くの受講要件を満たさなければならず、受講できる人がきわめて限られます。

　ここまで見てきたように、国内でアウトリーチのスキルを普及させることは課題も多く、進んでいないといえるでしょう。

　ほかの分野でも「アウトリーチ（訪問支援）」と表記されている事業は多

※13：内閣府「困難を有する子供・若者を支援する人材の養成について」
　　　https://www8.cao.go.jp/youth/suisin/jinzai-ikusei.html）

く、その必要性は高まりを見せています。たとえば、2011年に創設された精神障害者アウトリーチ推進事業や、自立相談支援事業、若年無業者等アウトリーチ支援事業などがあります（図表5）。

図表5　国が実施しているアウトリーチに関連する事業／著者作成

事業名	乳児家庭全戸訪問事業	アウトリーチ(訪問支援)研修	精神障害者アウトリーチ推進事業	自立相談支援事業	若年無業者等アウトリーチ支援事業	若年被害女性等支援モデル事業(困難女性支援)
対象者	乳児のいる子育て家庭	援助機関の職員	精神障害者	生活困窮者	高校中退者等	若年女性
表記	家庭訪問	アウトリーチ(訪問支援)	アウトリーチ(訪問支援)	訪問支援(アウトリーチ)	アウトリーチ(訪問)型	アウトリーチ
事業開始	2009年	2010年	2011年	2015年	2017年	2019年
所管	厚生労働省	内閣府	厚生労働省	厚生労働省	厚生労働省	厚生労働省
法的根拠	児童福祉法	子ども・若者育成支援推進法	障害者自立支援法	生活困窮者自立支援法	なし(ニッポン一億総活躍プラン)	困難女性支援法
制定	2009年	2009年	2005年	2013年	2016年	制定2022年(施行2024年)

　以上のように国が実施しているアウトリーチだけでも多様なものがありますが、そのほとんどが「訪問支援」に限定されています。たとえば、子ども・若者育成支援推進法の支援対象は広く「ニート・ひきこもり、不登校等の社会生活を営むうえで困難を有する子供・若者（以下、困難を有する子ども若者）」と規定されています。「困難を有する子ども若者」という定義自体ぼんやりとしていますが、さらに同法の対象年齢は、内閣府の説明によると、何らかの課題を有するゼロ歳から40歳未満と幅広くなっています。いずれにしても、各事業の対象者に適したアウトリーチの方法や形態が必要となります。

アウトリーチの4類型とそれぞれの特徴

　現在、国内で行われている様々なアウトリーチの全容を理解するには、何らかの基準によって分類・整理することが有効です。本書では、内閣府が作成した『ユースアドバイザープログラム（改訂版）』の「第5章11節　非行等幅広い分野におけるアウトリーチ（訪問支援）の手法」で紹介されている、アウトリーチ4類型を手がかりに説明します。同プログラムでは、以下のとおり、アウトリーチは目的ごとに4つの類型に大別されています。

＊＊＊＊＊＊＊＊＊＊＊＊＊＊＊＊＊＊＊＊＊＊＊＊＊＊＊＊＊＊＊＊
①若者自立支援機関に誘導するための家庭へのアプローチ「機関誘導型」

　家庭での訪問活動のうち，支援機関への誘導を目的とする短期の訪問支援を指す。フリースクールや宿泊型自立支援施設，保健所等公的支援機関，地域若者サポートステーションなどで取り組まれている。援助者の役割が明確であるため，対応の方針や支援計画が比較的立てやすい。

②直接的自立支援を行うための家庭へのアプローチ「関与継続型」

　家庭での訪問活動のうち，直接的な支援を目的として実施する比較的長期の訪問支援を指す。学齢期の不登校を対象とした家庭教師方式の活動から専門家による訪問カウンセリングに至るまで多様だが，第三者が継続的に家庭内へ入ることによる環境への影響力は四つの類型の中で最も大きい。

③支援対象者を発掘し，接触するための関係機関へのアプローチ
「機関連携型」

教育機関，矯正保護機関，保健福祉機関等，若者が結びついている機関へのアウトリーチを指す。各機関が連携することによって進路未決定者や他機関の支援が必要な若者などを対象機関に円滑に誘導することができる。各機関とのケース共有によって連携がとりやすい。

④支援対象者を発掘し，接触するための若者の集まる居場所へのアプローチ「直接接触型」

家庭での支援が難しい若者に対する居場所へのアウトリーチ。公園や繁華街，ゲームセンターやネットカフェ，パチンコ店などの遊技場，暴走行為の集会といった若者の集まる場所に出向き，直接接触を図る。保護者からの情報が得られにくい若年ホームレスや非行傾向の若者へのアプローチも可能となる。

出典：（前出※9）内閣府「第5章 支援の実施 第11節 非行等幅広い分野におけるアウトリーチ（訪問支援）の手法」『ユースアドバイザー養成プログラム（改訂版）～関係機関の連携による個別的・継続的な若者支援体制の確立に向けて～』，2010年，P331-P351（P331が該当）

＊＊＊＊＊＊＊＊＊＊＊＊＊＊＊＊＊＊＊＊＊＊＊＊＊＊＊＊＊＊＊＊

【①機関誘導型】と【②関与継続型】は、説明にあるとおり、家庭にアプローチ（家庭訪問）します。

このうち【①機関誘導型】は、アプローチした対象者を児童相談所や就労支援を行う援助機関に誘導することを目的として、家庭に訪問します。

【②関与継続型】は、機関につなぐことを第一の目的とせず、専門家が継続的に家庭を訪問して、そこで援助を実施します。【②関与継続型】のアウトリーチの代表的な事例では、重度のひきこもり状態にある子ども・若者や精神障害者に対する継続的な支援があげられます。家庭や地域で円滑に

暮らすことを支援するための家庭訪問です。このように【②関与継続型】では、継続的に家庭を訪問し、長期的に対象者に寄り添い、人間関係、信頼関係を構築していきます。

　【①機関誘導型】と【②関与継続型】のアウトリーチは、どちらも家庭という私生活（プライバシー）の領域に介入するため、アウトリーチする側も受ける側も負荷が大きくなります。また、信頼関係を構築することは容易ではなく、高い専門性を必要とします。

　続いて【③機関連携型】は、アウトリーチする機関が、すでに子ども・若者と結びついている学校や団体を訪問し、そこで支援を行います。アウトリーチを行う機関と、子どもとつながりのある機関が連携することになるため、機関同士の利害が一致するか、信頼関係が築けていることが重要となります。【③機関連携型】の事例には、たとえば、子どもとのつながりがある全国こども福祉センターに、ほかの援助機関が訪問するケースがあります（図表6）。訪問をきっかけにその援助機関に誘導されることもあります。

　【④直接接触型】は他の類型と違い、家庭や学校、援助機関などの特定の居場所を持たない子ども・若者に直接、アプローチするケースです。なんの情報も糸口もない場合は、ゼロから対象者を発掘することになるため、繁華街やゲームセンター、ショッピングセンターなど、若者の集まる場所を事前に把握しておく必要があります。

　【①機関誘導型】【②関与継続型】【③機関連携型】は、あらかじめ対象者と場所が決まっているため、対象者の存在が見込めるところへのアプローチとなりますが、【④直接接触型】だけは、いつ、どこで、どのようにアウトリーチするのかが定まっていません。まずは、手がかりをつかむために、現場での観察、情報収集など、アウトリーチの事前設計が重要となります。

図表6 全国こども福祉センターと他機関との連携／著者作成

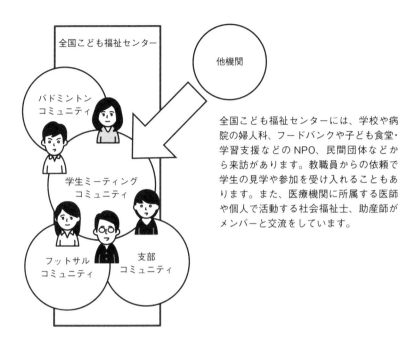

全国こども福祉センターには、学校や病院の婦人科、フードバンクや子ども食堂・学習支援などのNPO、民間団体などから来訪があります。教職員からの依頼で学生の見学や参加を受け入れることもあります。また、医療機関に所属する医師や個人で活動する社会福祉士、助産師がメンバーと交流をしています。

　全国こども福祉センターでは【④直接接触型】のアウトリーチを基盤として、【②関与継続型】と【③機関連携型】を組み合わせて実践しています。

　まずは、繁華街やSNSなどのフィールドに出向き、子ども・若者と出会い、人間関係を築いた後、団体内に複数のコミュニティをつくり、そこに機関連携先の専門家が自由に出入りできる体制をとっています。これは、異なる連携先の援助機関に移動する（つなぐ）ことへの、本人・専門家の負担を軽減するためであり、機関連携におけるリスク対策だといえます（図表7）。

　補足になりますが、全国こども福祉センターでは「支援」を第一の目的と

図表7
全国こども福祉センターにおける
【④直接接触型】【②関与継続型】【③機関連携型】の組み合わせ／著者作成

(1)まず、全国こども福祉センターでは、設定したアウトリーチ・ポイントで【④直接接触型】のアウトリーチを実践。そこで、子ども・若者を発見、対象とつながります。

(2)そして、【②関与継続型】のアウトリーチで人間関係づくりを始めます。人間関係が構築されたら、自由意志のもとに全国こども福祉センターに所属してもらいます。

(3)全国こども福祉センター内には子ども・若者が運営するコミュニティが複数あり、アウトリーチでつながったメンバーは、自由意志のもとにいずれかのコミュニティに所属します。

(4)各コミュニティには連携機関に所属する専門家が自由に出入りできるようになっており、【③機関連携型】のスタイルをとっています。

していないため、内閣府が定義する「支援対象者を発掘し」という目的を持って介入はしていません。

このように内閣府では、アウトリーチ（訪問支援）を4つの形態に分類していますが、内閣府のホームページに毎年掲載されている研修報告書には、【①機関誘導型】と【②関与継続型】の2つの形態だけが紹介されています。【③機関連携型】と【④直接接触型】の形態については、分類は設けられているものの、具体的な実践の報告が見当たりません。

国内のアウトリーチ研究も、ひきこもりや精神障害者を対象とする精神保健分野が中心となっています。現時点では、支援対象者の自宅に対するアプローチ（家庭訪問）の知見が蓄積されていますが、家庭訪問以外の【③機関連携型】と【④直接接触型】の方法については知見の蓄積がないといえます。また、国内の援助機関が実施しているアウトリーチも【①機関誘導型】と【②関与継続型】が中心となっています。

参考として、以下に全国こども福祉センターの【③機関連携型】と【④直接接触型】の実践から、そのリスクや課題について述べておきます。

【③機関連携型】で留意しなければならないリスクは、機関同士が連携の同意を取っていても、対象者本人にとっては、他の援助機関の人が出入りしたり、その援助機関に移動させられたりと、負荷がかかることです。本人の意向がくみ取られることなく、たらい回しにあい、援助機関に振り回される事例も報告されています。意に反して援助機関につなげば、見捨てられたと誤解される恐れがあり、築いた信頼関係が崩れることもあります。

特定の拠点を持たない子ども・若者にアプローチする【④直接接触型】は、出会うことすら難しく、運よく出会えたとしても、次にもう一度会える保証はありません。つながりをつくろうとしても、場所や時間によっては騒がし

く、落ち着いてコミュニケーションがとれない場合もあります。したがって、事前に調査して適切なアウトリーチ・ポイント（場所と時間）を設定しておくことが重要です。また、出会いから対話に展開していくには、子ども・若者の文化や流行に精通していることと、高度なアウトリーチスキルが必要となります（第6章参照）。

精神保健分野のアウトリーチ

　巡回看護や保健師活動の次に、国内でアウトリーチが実践的に導入されたのは、精神保健分野です。厚生労働省は、精神保健福祉対策本部中間報告「精神保健福祉の改革に向けた今後の対策の方向（2003年5月15日）」において、地域ケアを目的として、ACT（アクト）事業というモデル事業実施の検討を開始しました。1960年後半にアメリカで始まったACT（Assertive Community Treatment）という手法に基づいたものです。

　ACTとは、地域医療および各種生活支援を含めた包括的地域生活支援プログラムです。看護師、作業療法士、精神保健福祉士などによる多職種の専門職が、精神障害者の生活の場に出向き、地域で生活できるよう支援します。福祉・医療の融合とアウトリーチの実践に特徴があり、リカバリーやストレングス（強み・長所）の伸長、精神障害者本人への支援が理念とされています。

　しかし、ACT事業が展開されたことによって退院が促進された一方で、地域での暮らしが困難なため、再び入院を余儀なくされるケースもあり、そ

れが当時からの課題でした。その後、2011年に精神障害者アウトリーチ推進事業が創設され、医療を含む多職種チームによる訪問などで在宅精神障害者の生活を支えて、入院に頼らず課題を解決しようとする取り組みが広がりました。また、未治療者や治療が中断している精神障害者に対しても訪問を行い、診療報酬による支援（訪問看護など）や自立支援給付のサービスへとつなぎ、在宅生活を継続しながら病状安定を図ろうとしました。この事業は、アウトリーチ（訪問支援）の形態に当てはめると【②関与継続型】に該当するといえます。

　しかし、国内の精神保健分野のアウトリーチは、医療的な側面や管理的な視点が強く、専門家による管理と監視体制が続くなど、多くの課題が残されています。生活の場が病院から地域に変わっても、本人の意向で地域生活を営んでいるというより、専門家や支援者の意向が強かったこと、アウトリーチのスキルが監視と精神科病院への「つなぎ」にしか用いられていなかったこと、本人の意に反し、保護者の意向で服薬や入院をさせていたことなどが報告されています。

　積極的な介入は、支援の押し付けとなったり、病院や援助機関の経営的な都合を優先することにもなりかねず、結果、本人の尊厳を奪うことになるのです。過去の精神保健分野の実践報告から学べるこれらの反省点は、他分野におけるアウトリーチの実践においても留意すべき点といえるでしょう。

若年女性を対象としたアウトリーチ

　厚生労働省は 2019 年度より、東京都若年被害女性等支援モデル事業を開始し、2022 年 5 月に困難女性支援法が成立しました。若年被害女性等に対して、アウトリーチから居場所の確保、公的機関や施設への「つなぎ」を含めたアプローチを行うためのモデル事業です。同事業の対象は、「性暴力や虐待等の被害に遭った又は被害に遭うおそれのある主に 10 ～ 20 代の女性」とされています。東京都保健福祉局によれば、具体的な方法として、①アウトリーチ支援（夜間見回り、声かけ）、②相談窓口の設置（電話・メール・LINE）があげられています。また、「被害の未然防止を図る観点から、深夜の繁華街などを巡回し……」と規定されており、これまでのアウトリーチ（訪問支援）と異なり、初めて家庭訪問ではなく繁華街がアプローチポイントに設定され、同時に「未然防止」が明記されました。

＊＊＊＊＊＊＊＊＊＊＊＊＊＊＊＊＊＊＊＊＊＊＊＊＊＊＊＊＊＊＊＊＊＊＊
■東京都若年被害女性等支援モデル事業について
（1）アウトリーチ支援
　本事業では、困難を抱えた若年被害女性等に対して、主に夜間見回り等による声掛けや、相談窓口における相談及び面談等の以下の支援を実施する。

①夜間見回り等
　困難を抱えた若年被害女性等の被害の未然防止を図る観点から、深夜の繁華街などを巡回し、夜間徘徊など家に帰れずにいる若年被害女性等に対して、声掛けや相談支援を原則として週 1 回程度実施する。また、出張

相談など若年被害女性等の状況に応じた支援を行うとともに、必要に応じて関係機関や居場所等への同行支援を行う。

②相談及び面談

　若年被害女性等の様々な悩みや直面する課題に対応するため、相談窓口を設置し、電話、メール、SNS（ソーシャル・ネットワーキング・サービス）等による相談や必要に応じて面談を実施する。

　　……以下略

出典：2019年度東京都若年被害女性等支援モデル事業実施要綱（東京都福祉保健局
　　　2019年3月29日付30福保子育第3268号）

＊＊＊＊＊＊＊＊＊＊＊＊＊＊＊＊＊＊＊＊＊＊＊＊＊＊＊＊＊＊＊＊

　この事業を受諾しているNPO法人人身取引被害者サポートセンターライトハウス（2022年解散）では、新宿歌舞伎町でのアウトリーチ支援（夜間見回り、未然防止）を行っています。夜間見回りは私服で行い、呼び込みやキャッチを行う女性キャストと対話して、徐々に信頼関係を構築し、相談窓口の連絡先が記されたカードを直接配布しています。

　スカウト行為などをきっかけにAV出演強要被害にあう女性は、業者との契約や取り交わしに対して泣き寝入りをするケースが相次いでいます。業者と女性の間に支配関係が働いて被害の証拠を集めるのが難しいことや、警察による介入も困難な場合もあり、現在は、NPO法人bondプロジェクトや、筆者が役員を務めるNPO法人レスキュー・ハブなどの相談窓口が対応しています。

　若年女性からの相談を受けて寄り添うには女性スタッフが適任とされていますが、レスキュー・ハブでは男性スタッフも重要な役割を果たしています。

元ライトハウス事務局長でレスキュー・ハブ代表理事の坂本新氏は、加害者への直接的な介入も行っています。加害者である業者に対してアプローチすることで、新たな被害を生まないよう、問題の根本的解決を図るためです。業者には反社会的勢力がかかわっていることもあり、直接介入はリスクが伴いますが、相談者が抱える問題の解決と権利擁護の観点から、非常に意義の高いアプローチといえます。

　このモデル事業とは異なりますが、大阪市内の宗右衛門町（通称「ミナミ」といわれる大阪の代表的な繁華街の一角）に、無職者や困窮状態にある若者を受け入れる「無料案内所(注8)」が存在します。金も家もない若者の「駆け込み寺」としての機能を持ちながら、NPO法人や支援団体という看板を掲げていない点に大きな特徴があります。2016年から、著者が所属する日本福祉大学のゼミ合宿（大阪フィールドワーク）にも協力していただいています。

　無料案内所の経営者である油谷聖一郎氏は、昼間はPTA会長を務めるなど、地域活動にも積極的に参加している方です。油谷氏は無料案内所を営みながら、困窮する若者から求めがあれば、必要に応じて宿泊場所の提供や就労支援を行っています。この無料案内所の特筆すべき点は、繁華街という立地の良さ、夜間対応、若者が気軽に立ち寄りやすいアクセシビリティの高さです。また、周辺の住民には犯罪歴のある者、性風俗に従事してきた者も少なくないため、周囲からのスティグマ（社会的偏見）もありません。過去の行為を問わず受け入れ、来るもの拒まずというミナミの地域性も再出発しやすい環境といえるでしょう。

　油谷氏の取り組みを発見し、社会福祉の参考にすべき実践として広く社

注8：無料案内所／キャバクラや風俗店を無料で案内してくれる施設。お客を紹介した数に応じて店から報酬を受け取ります。

会に発信したのは、辻由起子氏です。辻氏は、みずからもシングルマザーとして苦労した経験があり、子育ての課題を抱えた女性たちの相談に乗りながら、講演活動にも取り組んでいる方です。さらに、草の根の取り組みや子育て支援、大阪府内のNPOの活動を応援しています。ほかにも政策提言、マスメディアに向けた情報発信、日本福祉大学の「大阪フィールドワーク」にも毎年、協力してくれています。

　坂爪真吾氏が代表を務める一般社団法人ホワイトハンズ（新潟市）では、「風テラス」のサービスを提供しています。風テラスとは、風俗で働く人のための無料生活相談・法律相談です。弁護士やソーシャルワーカー（社会福祉士、精神保健福祉士）などの専門家が窓口で相談に乗ったり、デリバリーヘルスの待機所などで出張相談を行っています。匿名や源氏名での相談、退職した人の相談に応じているほか、男性従業員の相談にも応じており、画期的な取り組みといえるでしょう。待機所で出張相談を行う場合、風俗店との連携が不可欠なため、【③機関連携型】のアウトリーチに該当します。

　以上のアウトリーチは、援助機関や福祉につながることが難しい若年女性に対するアウトリーチです。共通するのは、アクセシビリティが高く、相談のしやすさを実現していることです。

教育機関におけるアウトリーチ

　教育現場では、いじめ、不登校、学級崩壊をはじめ、貧困や家庭での問題など、教師だけでは対応できない問題が増加しています。そうしたな

か、文部科学省は、外部の専門家や専門機関による学校や教師のサポート体制を整備するため、スクールカウンセラー、スクールソーシャルワーカー、スクールロイヤーの全国への配置を予算化しました。

　スクールカウンセラーとは、学校内で心理相談業務を行う非常勤の専門家のことです。文部科学省によると、1995年度から調査研究が実施され、初年度には全国154校に臨床心理士などの専門家が配置されました。2006年度には全国約1万校に派遣、配置されています。資格要件は臨床心理士や精神科医、大学教員などですが、そのうち8割以上が臨床心理士です。相談体制は1校あたり平均週1回、4〜8時間と報告されています(※14)。スクールカウンセラーは現在、小学校から大学まで幅広い教育機関の相談室などで活躍しています。

　スクールソーシャルワーカーは、スクールカウンセラー同様、教育機関内でソーシャルワーカーの活動を行います。2008年3月から始まったスクールソーシャルワーカー活用事業により、約15億円の予算がつけられ、全国141地域に配置されました。同事業では、①関係機関との連携・調整のコーディネート、②児童生徒が置かれた環境の問題（家庭、友人関係など）への働きかけなどが期待されています(※15)。

　その後、生徒の自殺防止や児童虐待防止を目的として、2019年までに全校区に計1万人の配置をめざし、スクールソーシャルワーカーの増員が図られています。

　スクールロイヤーとは、学校内で発生するいじめや保護者とのトラブルな

※14：文部科学省「児童生徒の教育相談の充実について―生き生きとした子どもを育てる相談体制づくり―（報告）」2007年7月教育相談等に関する調査研究協力者会議
※15：文部科学省（初等中等教育局児童生徒課）「児童生徒の自殺予防に関する調査研究協力者会議 第1回 配付資料『スクールソーシャルワーカー（SSW）活用事業』」2008年3月18日

どに法的に対応する弁護士のことです。まだ試験的な取り組みで、2018 年度には全国 10 か所に配置されています。教育機関の相談相手として、「子どもの最善の利益」の観点からトラブルの未然防止が期待されています。

　教育機関に通う学生や生徒を対象として行われるアウトリーチは、福祉分野に限らず、音楽や芸術分野でも行われています。たとえば、授業以外で音楽の楽しさを体験してもらうための、生徒と音楽家との共演や創造型のワークショップです。教育現場では、教師と生徒の二者間の関係が基本となりますが、そこに音楽家が入ることで、二者から三者の関係性に変わります（図表 8）。

図表 8　学校におけるアウトリーチの関係図

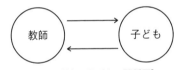

［従来の教師と子どもの関係図］

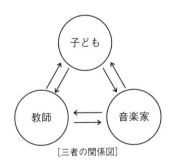

［三者の関係図］

出典：林睦「音楽のアウトリーチ活動に関する研究―音楽家と学校の連携を中心に―」
　　　大阪大学博士論文，2003 年，P184-185

ニッセイ基礎研究所の研究理事、吉本光宏氏は、教育サイドから見たアウトリーチの意義について述べています。吉本氏は、イギリスのクリエイティブ・パートナーシップ事業の追跡調査の結果について、「芸術の授業を受けた子どもたちの方が、そうでない子どもたちより主要教科の成績が高くなった」「子どもたちの学習意欲が高まり、その結果、基礎学力までもが高まった」「低所得層や移民の多い、いわば経済的にも社会的にも課題を抱える地域で優先的に実施された。その結果、不登校生や退学生の学校復帰にも大きな成果があったという」と報告しています[※16]。

　そのほかにも教育現場では、性教育の出張授業やキャリア教育など、様々なアウトリーチが実施されています。以上の取り組みをまとめると、教育現場に外部の専門家を配置したり、派遣したり、巡回することから、アウトリーチ（訪問支援）の【③機関連携型】に該当するといえるでしょう。また、継続的に支援が必要な場合、【②関与・継続型】へと展開されます。

訪問支援から脱却し、予防の観点へ

　前述したように2019年度から開始された若年被害女性等支援モデル事業には「訪問支援」という用語はなく、初めて訪問支援の概念から脱却したアウトリーチ支援事業といえます。そして、新しく「未然防止」「声かけ」

※16：吉本光宏（2013）「アウトリーチから始まる日本の未来：─音楽教育にとどまらないインパクトとポテンシャル」『音楽教育実践ジャーナル』10（2）、P14-20

「夜間見回り」が明記されました。

　教育学者の松田弥花氏は、以下のように述べています。

＊＊＊＊＊＊＊＊＊＊＊＊＊＊＊＊＊＊＊＊＊＊＊＊＊＊＊＊＊＊＊

　何か思い悩んでいても、みずから相談を打ち明ける勇気が出なかった
り、相談できる機関の存在を知らなかったりすると、結果的に罪を犯した
り、重い精神疾患を抱えることになりかねず、アウトリーチによる予防が重
要である（出典のP125）。

　内閣府主導により「アウトリーチ（訪問支援）研修」が実施されているも
のの、ここにおけるアウトリーチは基本的に、引きこもりや発達障害の子ど
も・若者を対象とした家庭等への訪問が想定されている。日本でも既に一
部のNPOで、スタッフみずからが地域に出向くかたちでのアウトリーチが進
んでいる状況に鑑みると、できる限り、より多くの子ども・若者たちが悩み
を抱えつつも健康的な生活を送るためには、より幅広い意味でのアウトリー
チ事業を行う存在が極めて重要だと思われる（出典のP132）。

出典：松田弥花「スウェーデンにおける子ども・若者を対象としたアウトリーチ事業：『フィー
　　　ルドワーカー』に着目して」日本社会教育学会編『子ども・若者支援と社会教育』東洋館
　　　出版，2017年，124-133

＊＊＊＊＊＊＊＊＊＊＊＊＊＊＊＊＊＊＊＊＊＊＊＊＊＊＊＊＊＊＊

　松田氏の指摘のとおり、健康的な生活を送るためには、予防を含めた幅
広いアウトリーチが必要です。現在のアウトリーチが対象とする範囲は、主
にひきこもり、不登校、重度の精神障害、生活困窮者など、すでに問題に
直面して、その問題が表出している状態にあり、困窮している人たちです。
複雑多岐にわたる重複した課題を抱えているケースも見受けられます。

また、困窮している当事者は、まわりの人たちとの人間関係が大きく損なわれている場合がほとんどです。一時的に問題が解決されたように見えても、人間関係や地域との関係の修復には時間がかかります。一度根づいたスティグマ（社会的偏見）も簡単には解消されません。専門家が介入しても、身体的健康、精神的健康、社会的健康が大きく損なわれている状態では、社会復帰までの道のりは険しいといえるでしょう。

　この先、長い人生を控えている子ども・若者に対するアウトリーチこそ、予防の観点が重要です。困窮している状態からの脱却をめざす介入だけではなく、社会教育の観点からの介入が子ども・若者にとってより大切だと考えます。

子ども家庭福祉の役割と課題

救済や医療と一体の児童保護の歴史

　第5章では、子ども家庭福祉の歴史を振り返り、現在の役割や機能を紹介します。そして、新たな課題について考察します。

　日本の児童福祉は、古代の児童保護や救済に始まりました。593年に聖徳太子が建立した四天王寺四箇院の悲田院で、孤児や生活困窮者を収容、保護していたこと、756年には和気広虫（わけのひろむし）が多くの孤児を自宅で養育していたことが伝えられています。困窮する民衆は、子どもを遺棄したり、間引き（生まれた子どもをすぐに殺すこと）したりせざるをえず、仏教寺院や王族、貴族などの篤志家によって私的な救済がなされていました。中世（室町時代）に入ると、キリスト教の伝来に伴い、貧民、病人、孤児の救済活動が展開されるようになります。戦乱のもと、仏教による慈善活動が衰退しますが、キリスト教は布教とともに慈善事業を拡大します。

　ところが、江戸時代に入ると、幕府が出した禁教令（キリシタン禁止令）により、キリスト教による慈善事業は衰退します。その一方で、飢饉や災害、幕府や藩からの搾取によって、ますます民衆は困窮し、身売りや堕胎、間引きが横行しました。そこで江戸幕府は、豊臣秀吉が治安維持のために組織させた五人組（隣保制度（りんぽせいど））を活用して、隣保組織による連帯責任と相互扶助の導入を行います。1687年には捨て子養育令、1690年に棄児禁止令を制定しますが、目的は労働力の減少を抑えようとするものでした。

　こうしてみると、**古代から中世の救済制度は、医療や看護、福祉の区別はありません。現在はこれに介護を加えて、それぞれが縦割り行政で個別に取り組まれています。しかし、歴史を振り返ると、本来はすべて密接にかかわりあい、総合的に取り組むべきものであることがわかります。**

　明治時代になると富国強兵の考え方に基づき、孤児や棄児に対する救済や児童保護が進みます。1874 年に制定された恤救規則（じゅっきゅうきそく）は最初の救貧法とされており、現代の生活保護法にあたりますが、救済の対象が「無告の窮民（むこく）（身寄りのない者）」に限定されるなど、きわめて限定的な救済制度でした。子どもは富国強兵策のなかで、安価な労働力、軍事力とみなされる一方、制度が十分に整備されなかったこともあり、貧困による孤児や棄児、間引きが増えました。

　そこで、政府の限定的な制度から漏れた子どもたちを救済しようと、石井十次などの篤志家により慈善事業や社会活動が盛んに行われるようになります。孤児院や養育施設、家庭学校などが続々と設立され、今日の児童養護施設や知的障害児施設、児童自立支援施設などのモデルとなりました。

　1900 年には感化法が制定され、各都道府県に感化院の設置が義務づけられます。感化院とは、教育保護を目的としており、非行少年や保護者のいない少年を収容し、更生を図る施設のことです。当時は浮浪児が激増して、治安が悪化したため、法的整備がさらに進められます。1922 年には浮浪児対策として少年法が制定され、保護手続きなどが定められました。

　大正時代には、第一次世界大戦の影響で工業化が進みますが、庶民の生活は困窮し、児童労働が深刻化していきます。また、米騒動（1918 年）も発生するなど民衆運動も活発化しました。このような状況から、内務省地方局に救護課が設けられ、民生委員制度の原型である方面委員制度、児童相談所の前身ともいえる大阪市立児童相談所が設立されました。

　昭和に入ると救護法（1929 年）が制定され、13 歳以下の子どもや妊産婦、65 歳以上の高齢者、障害者などの救済が行われるようになります。保護のために施設収容をした際には、委託費が施設に支払われるようになりました（のちの措置制度、措置費につながります）。しかし、恤救規則同

様、保護や救済の対象はきわめて限定されていました。

　子どもの酷使や人身売買を対象として、1933年には児童虐待防止法が制定されます。同年、感化法は少年教護法と改められ、感化院は少年教護院と呼ばれるようになりました（1947年の児童福祉法の制定に伴い、教護院に改められ、1998年には児童自立支援施設と名称変更）。また、1937年に母子保護法が制定され、1938年には厚生省が設置されるなど、昭和前期にかけて児童保護や母親に対する救済が整備されるようになります。これらの救済制度は、子どもの福祉を目的としていたのではなく、戦時体制に伴う軍事力の確保が目的でした。

児童福祉法の制定と子どもの権利

　1945年、日本は第二次世界大戦の敗戦国となります。街は戦争で親を失った戦災孤児や浮浪児であふれ、物乞いや窃盗、非行や犯罪行為が相次ぎました。戦前から存在した施設が児童の保護や収容を行いますが、それだけでは圧倒的に不十分で、政府は戦災孤児等保護対策要綱を定めます。また厚生省は、「浮浪児その他の児童保護等の応急措置実施に関する件」という通達を出して、緊急対策に乗り出します。

　1946年に生活保護法が制定・施行され、1947年には児童福祉法が制定、翌年から施行されました。1948年に児童福祉施設最低基準が制定され、職員配置基準などの条件が規定されるようになりました。児童福祉法は、国の政策として初めて、すべての子どもたちの福祉を目的に制定されま

したが、戦災孤児や浮浪児対策として始まったため、施設収容や児童保護の考えが根強く続きました。

　児童福祉法が制定されたのち、1951年5月5日（子どもの日）に児童憲章が制定されます。この憲章は、日本国憲法の精神をもとに、子どもの福祉を具体化していく目的で定められました。

「児童は、人として尊ばれる」
「児童は、社会の一員として重んぜられる」
「児童は、よい環境のなかで育てられる」

　以上の3つの基本綱領のとおり、子どもの人権を尊重することや、尊重するためには環境整備が必要であることが、児童憲章では明文化されています。

　高度経済成長期に入ると、国民の生活水準は上昇しますが、失業や離婚、親の家出・失踪が増加して貧困に陥る母子家庭が増加します。これを受けて1961年、母子家庭を対象に金銭給付を行う児童扶養手当法が制定されます。1964年には母子福祉法（2014年に母子及び父子並びに寡婦福祉法に改定）の制定により、都道府県に母子相談員が設置されるようになります。同年、養護施設の職員配置基準が改められ、職員1人に対して子ども9人とされました。

　続いて、1965年には乳幼児と母親の健康保持を図るための母子保健法が制定され、母子福祉施策が発展します。また、1962年に新たな児童福祉施設として情緒障害児短期治療施設、1967年に重症心身障害児施設が定められるなど、障害児の福祉も前進します。

　1970年代からは、20時以降の夜間保育を行うベビーホテル（認可外保

育施設）での死亡事件が問題となり、1981年から延長保育や夜間保育の制度化など、保育制度の整備が図られるようになります。このころから、女性の高学歴化や社会進出に伴い、保育ニーズは高まり、多様化していきました。

　国際的な動向をみると、1959年に児童権利宣言が、1989年に児童（子ども）の権利条約が、いずれも国連総会で採択されています。児童（子ども）の権利条約には「子どもの最善の利益（第3条）」「父母から分離されない権利（第9条）」「家庭環境の確保（第20条）」などが明記されています。日本は5年後の1994年に児童（子ども）の権利条約に批准しています。そして、子どもの権利について考慮されるようになると、大規模な施設収容に頼ってきた児童養護施設などの児童福祉施設におけるケアのあり方や、入所児童の権利について問われるようになりました。

　子どもの権利とは、生きる権利、守られる権利、教育を受ける権利、参加する権利など、子どもの基本的人権のことを意味します。学校基本調査によると、一般の子どもの高校進学率は1980年代に9割を超えていましたが、養護施設の子どもの高校進学率は1980年代まで約5割にとどまり、中学卒業後の進路などの退所後の課題も問題視されるようになりました。現在は養護施設の子どもの高校進学率が9割を超えていますが、大学進学率の格差が問題とされています。

　このころから日本では少子高齢化が進み、社会問題となります。1989年には合計特殊出生率（15〜49歳までの女性の年齢別出生率を合わせたもの）が「1.57」を記録したことをきっかけに、急速に少子化対策が進みます。1994年に「今後の子育て支援のための施策の基本的方向について（エンゼルプラン）」、1999年に新エンゼルプラン、2004年に子ども・子育て応援プランと、新たな計画が5か年ごとに策定されました。その間、2003年には

少子化社会対策基本法と次世代育成支援対策推進法が成立。翌2004年に少子化社会対策大綱が策定されています。

　その後も2009年に子ども・若者育成支援推進法、2012年に子ども・子育て支援法と、子ども家庭福祉を支える法律が続々と成立します。子どもの権利についての研究も進むようになり、日本が児童（子ども）の権利条約に批准してから約20年後、ついに2016年の改正児童福祉法で「子どもが権利の主体」として位置づけられたのです。

子ども家庭福祉の実施体制

　このように子ども家庭福祉はたくさんの法律によって支えられています。では、子ども家庭福祉の実施体制はどうなっているのでしょうか。

　その前に、児童福祉の概念について確認しましょう。児童福祉とは、児童福祉法を根拠とした子どものための福祉をさします。では、「児童」や「子ども」とは誰のことをさすのでしょうか。国際連合で採択された児童（子ども）の権利条約では、18歳未満のすべての者を「児童（子ども）」と定義しています。

　日本の各種法令における子どもの年齢区分をみると、母子及び父子並びに寡婦福祉法では、20歳未満と定義されています。同様に少年法の少年や、民法や未成年者飲酒禁止法と未成年者喫煙禁止法の未成年者も20歳未満と定義されています。児童福祉法は満18歳未満と定義されていますが、子ども・若者育成支援推進法では40歳未満までを支援対象としてい

るなど、法律ごとに略称や年齢区分が異なります（図表9）。

図表9　子ども家庭福祉にかかわる法律と子どもの年齢区分
　　　　／内閣府『平成30年版子供・若者白書』P254を参考に著者作成

法律・条約	略称	年齢区分
児童（子ども）の権利条約	児童（子ども）	18歳未満
少年法	少年	20歳未満
児童福祉法	児童	満18歳未満
労働基準法	年少者	18歳未満
	児童	15歳 (*1)
母子及び父子並びに寡婦福祉法	児童	20歳未満
学校教育法	学齢児童	小学生
	学齢生徒	中学生
民法	未成年者	20歳未満
青少年インターネット環境整備法	青少年	18歳未満
子ども・若者育成支援推進法	子ども・若者	規定なし (*2)
勤労青少年福祉法 （第8次勤労青少年福祉対策基本方針）	勤労青少年	15歳以上
	若年無業者	35歳未満
未成年者飲酒禁止法・未成年者喫煙禁止法	未成年者	満20歳未満

*1　満15歳に到達した年度の末日（3月31日）
*2　対象年齢は概ね30代まで、40歳未満とされる

　では、子ども家庭福祉とは何をさすのでしょうか。児童家庭福祉の概念
は、1981年に初めて登場します(※17)。保育士試験科目も2012年度まで

※17：中央児童福祉審議会「今後のわが国の児童家庭福祉の方向について（意見具申）
　　　1981年12月18日」

「児童福祉」とされていましたが、2013 年度から「児童家庭福祉」に変更
されます。2003 年に保育士が国家資格化されてから 10 年後のことです。

　福祉学者の高橋重宏氏は、日本で初めて「子ども家庭福祉」の名称を用
いた教科書を出版し (※18)、児童福祉と子ども家庭福祉との違いについて整
理しています。本書では、とくに高橋氏の整理した「理念」と「子ども観」、
「対象」に着目しました (図表 10)。

図表 10　児童福祉と子ども家庭福祉

	児童福祉	子ども家庭福祉
理念	welfare	well-being（人権の尊重・自己実現）
	児童の保護	子どもの最善の利益 / 意見表明権
		自立支援
		エンパワメント / ノーマライゼーション
子ども観	私物的わが子観	社会的わが子観
対象	児童	子ども、子育て家庭（環境）

出典：高橋重宏『子ども家庭福祉論—子どもと親のウェルビーイングの促進』（1998 年）
　　　放送大学教育振興会 P13 から抜粋

　高橋氏は子ども家庭福祉の理念として、「子どもの最善の利益」や意見
表明権、自立支援、エンパワメント、ノーマライゼーションをあげています。
エンパワメントとは、人々に夢や希望を与え、人が本来潜在的に持っている
力や社会で生きる力を湧き出させることを意味します。ノーマライゼーション

※18：高橋重宏『子ども家庭福祉論－子どもと親のウェルビーイングの促進』
　　　放送大学教育振興会，1998 年

とは社会福祉の理念の一つで、すべての人に基本的人権を保障するべきであるという考え方のもと、障害者も健常者と同様の生活ができるよう支援することです。

　また、子どもの福祉を実現していくには、子どもの育つ環境も整えなければなりません。子どもにとって親や家庭は重要な存在です。このような考え方のもと、福祉の対象も児童から子育て家庭へと広がります。

　子どものとらえ方については、児童福祉法が成立したときの理念である「私物的わが子観」が主流でしたが、高橋氏はそれに対して「社会的わが子観」を提起しました。**「私物的わが子観」とは、子どもを親の従属物・私物のように見たりとらえたりする儒教や家父長的家族制度に基づく考え方のことです。対して「社会的わが子観」とは、子どもを一人の人格を持った社会的存在として認め、子どもを権利の主体としてとらえる考え方のことです。**長年、日本では家父長制が続いたため、「私物的わが子観」が根強く残りましたが、子ども家庭福祉の理念に転換されてからは、「社会的わが子観」が強調されるようになりました。

　さて、児童福祉から子ども家庭福祉に理念が転換されたことで、実際にどのような実施体制となっているのでしょうか。厚生労働省によれば、子ども家庭福祉の施策は、母子保健施策、地域の子育て支援施策、保育施策、児童健全育成施策、養護等を必要とする子どもへの施策、および、ひとり親家庭への施策、の6つに分かれています。なお、子ども家庭福祉に関する都道府県と市町村の役割は以下のように整理されます。

■子ども家庭福祉に関する都道府県の役割

　①児童相談所の設置

　②児童福祉審議会の設置

③児童福祉施設の設置、認可、監督

④保育所を除いた児童福祉施設への入所事務

⑤里親の選定、調整、研修、委託

⑥小児慢性特定医療費、障害児入所給付支給

⑦関係行政機関や市町村への指導・助言、連絡調整など

■子ども家庭福祉に関する市町村の役割

①子育て支援事業（拠点の整備）

②地域型保育事業

③児童虐待の相談

④要保護児童対策地域協議会の設置

■児童福祉施設の種類

①助産施設（第 36 条）

②乳児院（第 37 条）

③母子生活支援施設（第 38 条）

④保育所（第 39 条）

⑤幼保連携型認定こども園（第 39 条の 2）

⑥児童厚生施設（第 40 条）

⑦児童養護施設（第 41 条）

⑧障害児入所施設（第 42 条）

⑨児童発達支援センター（第 43 条）

⑩児童心理治療施設（第 43 条の 2）

⑪児童自立支援施設（第 44 条）

⑫児童家庭支援センター（第 44 条の 2）

児童相談所は全国に 230 か所、一時保護所は 152 か所に設置されています（2023 年 4 月 1 日現在）。なお、1997 年の児童福祉法改正で、虚弱児施設は児童養護施設に、教護院は児童自立支援施設に、母子寮は母子生活支援施設に名称変更されています。

　幼保連携型認定こども園を除いて、児童福祉施設の設置義務は都道府県にあります。幼保連携型認定こども園とは、学校および児童福祉施設としての法的位置づけを持つ施設のことです。2015 年 4 月に子ども・子育て支援新制度が施行され、保育所と幼稚園の両方の機能を持つ幼保連携型認定こども園が創設されています。2022 年 4 月の時点で公立私立合わせて 6,475 か所設置されています。

　児童福祉施設のなかで、もっとも多いのは保育所で、全国に約 2 万 3,500 か所あります。次に多いのは児童厚生施設です。児童厚生施設は、屋外型の児童遊園や屋内型の児童館などがあります。児童館は公営、民営合わせて全国に 4,347 か所設置されています（厚生労働省『社会福祉施設等調査』2021 年 10 月 1 日現在）。また、児童養護施設は全国に約 600 か所あり、約 3 万人の子どもが入所しています。

　このように、国内には子ども家庭福祉を実施する機関や児童福祉施設がたくさんありますが、その運営や整備にかかわる費用は、国庫補助金や地方交付税交付金などの公費によって賄われています。

課題1　申請主義からこぼれる子どもたち

　ここまで紹介してきたように、国内には子ども家庭福祉を実施する機関や児童福祉施設が整備されています。公費で運営されている機関や施設以外にも、民営の援助機関や相談窓口も存在します。当事者が足を運ばなくてもいいように、また、顔を合わせなくて済むように、電話相談窓口も各地にたくさん設けられています。

　さらに最近では、子ども・若者が相談しやすいようにと、全国各地でLINE による相談対応がスタートしています。朝日新聞によれば、相談者の性別がわかるケースでは、女性が約 9 割を占めたということです（朝日新聞2018 年 4 月 27 日付）。

　名古屋市子ども・若者総合相談センターも、「発見機能の強化」を目的として、2018 年 12 月に SNS 相談を試験的に導入しました。20 日間の実施で、合計 56 人からの相談があり、本人からの相談は 35 人（約 6 割）と報告されています。相談のあった 56 人のうち、来所につながったのは 19 件（33.9%）とのことでした（2018 年度名古屋市子ども・若者支援地域協議会実務者会議より）。SNS による相談窓口を設けて、実際に相談を受けながら、そのうちの 3 人に 2 人は来所に至らないのが現状であり、大きな課題といえるでしょう。

　SNS 相談を利用するには、本人が自分の困りごとを自覚している必要があります。そのうえで、自力で SNS 相談のアカウント（相談窓口）を見つけ出し、その SNS アカウントを友達登録したうえで、チャット（メッセージ）を作成し、送信しなければなりません。

　子ども・若者には電話相談はハードルが高いだろうと、メールや SNS に

よる相談がスタートしていますが、実際には電話相談と同様の難しさがあります。利用するには、子ども・若者本人が自分の困りごとを人に伝えて、他者に「助けて」と伝えることができなければなりません。援助要請能力がない場合や援助を求める意欲のない場合は、援助機関に認知してもらえません。相談や援助を求めることへのハードルを考慮せずに、援助機関や相談窓口の数を増やしても、何らかの事情で援助要請ができない人には届かないのです。

　児童虐待の通報の仕組みも整いつつありますが、唯一の虐待対応機関である児童相談所は国内に232か所しかなく（2023年4月1日現在）、1か所あたり平均約60万人の人口を対象にしています。児童福祉法では中核市や東京23区に児童相談所の設置義務がないため、58ある中核市のうち、設置されているのはわずか3か所（横須賀市、金沢市、明石市）だけです（ほかの中核市では、高崎市（2025年度）、柏市、宮崎市などが設置予定）。全国の児童相談所の絶対数が少ないうえに、専門性の高い職員が不足しており、多くの児童相談所では受入れ体制が限界にきています。そのため、重度の虐待ケースが優先されるなど、支援の順位づけや選別が発生しています。

　これは虐待対応の現場だけでなく、多くの子ども支援現場の現実です。法律や制度では「すべての子どもの福祉」が掲げられていますが、実現するのは難しいと思われます。潜在化している子どもの場合は、発見すらされないこともあります。また、第三者として通報をするのも勇気がいります。通報や被害届を出しても、明らかに虐待や犯罪が認められるケース以外は、対応機関が躊躇してしまい、動かない場合も少なくありません。

　援助機関とつながるためには、まずは、援助機関の職員に気づいてもらうことが必要となります。基本的には相談窓口の受付時間中に足を運び、

「困っている」「助けてほしい」と明確に意思表示をしなければなりません。**請求・申請という行動を起こさなければ、支援を受けられないのです。これを申請主義といいます。**

　行政法を研究している長尾英彦氏は、申請主義について「社会保障・社会福祉諸制度の諸給付は、多くの場合、受給資格者からの受給申請を待って、受給資格の有無を審査したのちに（資格があれば）給付を行うとされていること」と説明しています（※19）。

　申請主義は一面でたいへん合理的な仕組みです。地域や学校、病院など街中を巡回して、困難を抱えた人を探し回っていては、人手と予算がいくらあっても足りないからです。家庭に訪問しても、留守であれば無駄足となります。限られた時間と人員ですべての家庭の状況を把握することは困難です。

　相談意欲や利用意思のある人に来所してもらい、それぞれの相談窓口で対応するほうが無駄がありません。また、相談者の申請内容や困りごとの種類に応じて、対症療法的に支援すればよいのです。これが申請主義の有効とされる理由です。

　ただし、申請主義には問題点もあります。いかに優れた社会保障給付制度も、一般の人に伝わらなければ失権するのに等しいため、複数の学識者から行政側の広報活動の重要性が指摘されています。福祉に関する法律や制度は、数年で新しく制定、改正が繰り返され、複雑で難解なものになっています。それを広くわかりやすく国民に知らせるのは、ますます困難になっています。

※19：長尾英彦「行政による情報提供：社会保障行政分野を中心に」『中京法学』46（3・4）,
　　中京大学法学会, 2012年, P77-P99

その結果、申請主義による「待ちの姿勢」だけでは、発見できない人が生まれています。東京都の「2017年住居喪失不安定就労者等の実態に関する調査」では、東京都内の住居のないネットカフェ難民は推計4千人と報告されています。生活保護制度が存在しているにもかかわらず、これだけ「住居のない人」が生まれているのです。

　申請主義の課題は、以下の3つに整理できます。

①情報が届かない。

　新たな制度や事業の案内不足や、案内をしていながら一方的な方法によるため、情報が届かないという課題。たとえば、公共施設にチラシを置いておくだけでは、気づかれず、手にとってもらえないことも多く、伝えたことにはなりません。また、ホームページへの掲載は、大量の情報に埋没してアクセスしづらい場合もあります。いずれも届ける側の課題です。

②申請ができない。

　申請場所が遠い、受付時間が短いなどの物理的なハードルによって申請できないという課題。たとえば、平日17時15分に窓口での受付が終了する場合、18時まで仕事がある人は申請することはできません。さらに、読み書き能力や援助要請能力が乏しい人は、書類作成や申請手続きが煩雑であれば、申請をあきらめてしまうこともあります。

③申請をしようとしない。

　本人にとって福祉や援助内容の価値やメリットが感じられない、わからないという課題。申請することによって生じるスティグマや恥の意識などが障害となり、相談や申請をする意欲が湧かないなど、心理的なハードルもあり

ます。援助機関や窓口担当者、専門家などの支援者に対して拒否感を抱いている場合も少なくありません。また、本人は申請する意欲があるのに、家族や交際相手が世間体を気にして反対する場合や、本人が家族の世間体に遠慮して SOS を出さない場合もあるのです。これらの背景には「支援」や「福祉」についてまわる社会的偏見があります。

　①～③のような課題は、虐待案件などでも発生しています。親から継続的に暴力を受けていても、それを当たり前だと思っていたり、仕返しを恐れたりする場合は、相談をしないことがあります。また、虐待されながらも、親と離れたくない、親の名誉や評判を傷つけたくないという子どもが少なくありません。

課題2 「支援」についてまわる社会的偏見

　支援に関する情報が届いたとしても、支援を受けることをためらう人がいます。周囲に助けや支援を求めることを「恥」と感じる人が多いのです。
　NPO 法人 OVA によると、子ども・若者を主な対象としてアウトリーチ・相談援助を行っている 43 団体を調査し、「支援を求められない理由（自由記述）」について回答してもらったところ、もっとも多かったのは、「スティグマや恥がある (41)」でした。続いて、「情報発信が不足している (28)」「援助希求力が低い (27)」「対人不信感・支援に対する不信感が強い (16)」「時間や場所などのアクセスに困難がある (14)」となっています（図表11）。

図表 11　支援を求められない理由

分類	大カテゴリー	中カテゴリー
環境・社会	社会・文化的要因	スティグマや恥がある (41)
支援者	支援者側要因	情報発信が不足している (28)
当事者	心理的要因	援助希求力が低い (27)
		対人不信感・支援に対する不信感が強い (16)
環境・社会	環境要因	時間や場所などのアクセスに困難がある (14)

出典：NPO 法人 OVA「トヨタ財団 2017 年度国内助成プログラム『声なき声』に支援を届ける
　　　―新たなアウトリーチ展開のための調査―調査報告書」より一部抜粋

　この調査結果から、ほぼすべての支援団体が支援を求めようとしない要因として、スティグマや恥といった「社会的偏見」をあげていることがわかります。まわりの目が気になり、相談や申請ができない人が想像以上に多いのです。

　これまでの社会福祉の主な対象は、高齢者、障害者、母子家庭、虐待を受けた児童、生活保護受給者などです。そのため、「福祉」という言葉には「障害」「介護」「貧困」などのイメージが付いています。子ども家庭福祉の対象は本来、「子育て家庭全般」であるのに、**「虐待」や「貧困」の問題ばかりがクローズアップされがちで、「児童保護」の考え方が根強く残っています。**福祉は深刻な問題への対応というイメージが先行したため、その対象になることは「特別な支援が必要とされる存在」とみなされてしまう傾向があります。

　たとえば、子ども家庭福祉の中核的な援助機関である児童相談所は、「虐待」のイメージが強すぎるがゆえに偏見を生み、地域住民からは厳しいまなざしが向けられることもあります。最近では、とても残念なことですが、児童相談所や児童福祉施設の建設（移転）計画が、地域住民による反対

で中止に追い込まれることが相次いでいます（図表 12）。

図表 12　児童相談所や児童福祉施設の建設（移転）に対する住民の意見
　　　　／著者作成

時期	建設予定地域		施設種別	結果	反対する住民の意見
2016年 7月	東京都	国分寺市	児童養護施設	中止	一部住民から建設反対のビラがまかれる
2016年12月	大阪市	北区	児童相談所	中止	建設予定のタワーマンションでアンケートを実施。結果360戸中、反対235件、賛成17件
2017年 6月	岐阜県	山県市	児童養護施設（移転）	中止	「中学校が荒れる」など同年9月、住民計約1,300人分の署名を添えて建設反対の陳情書を市に提出
2018年10月	東京都	港区	児童相談所	2021年4月開設	「南青山のブランドイメージにふさわしくない」などと一部住民から建設反対のビラがまかれる

　児童相談所や児童養護施設の建設（移転）に対する反対意見は、次のようなものがあります。

「施設ができることによって地元の価値が下がる」
「いじめ、ねたみ、うらみ、つらみを経験した入所児童が、同じ学校・地域に暮らす一般家庭の子どもたちに与える影響が心配である」
「まわりの子どもたちに様々な悪影響を与える恐れがある」

　「価値が下がる」「悪影響」など、一部の住民の入所児童に対する強い偏見や差別的な見方がうかがえます。「貧困」や「虐待」などに対する周囲か

らの偏見により、福祉はネガティブなイメージが付与され、福祉を必要としている人たち（全国民が対象になる可能性があるわけですが）の援助を求める意欲を奪います。子どもたちは世間からの厳しいまなざし（社会的偏見）を向けられることによって、「わたしは迷惑な存在なんだ」と感じ、自身が抱えるスティグマがいっそう強化されます。

　全国こども福祉センターはアウトリーチをとおして、様々な子ども・若者や保護者から直接、話を聴く機会があります。そこでは、過去に利用した福祉施設や相談窓口などの援助機関への批判や、対応した専門家や職員など個人に対する批判をぶつけられることがあります。なかには話をしている途中で、不機嫌になったり、涙を流したり、怒り出す人もいます。次のような辛辣な言葉が発せられることもあり、一度は福祉につながりながら、問題の解決に至らなかったことがわかります。

「（施設や一時保護所は）自由がなく監獄のようだった」
「ルールが厳しい」
「（担当）職員がウザかった」
「言い合いになった」
「相談しても、問題が解決しなかった」
「結局、連れていかれるのは警察か児童相談所」

　もちろん、援助機関や福祉施設には、子どもや保護者と真摯に向き合い、心血を注ぎ職務をまっとうする職員はたくさんいます。しかし、子どもやその保護者の福祉や支援に対する見方は必ずしも肯定的な評価だけではありません。とくに匿名性の高い Twitter などの SNS 上には、当事者の体験談に根ざした援助機関や施設への批判を数多く確認することができます。

　そうした批判の中には、バッシングを煽るような悪質なものもありますが、なかには率直な本人の意見や感想もあります。しかし、提供している支援内容が「絶対正しい」と思っている人は、当事者からの批判的な意見を受け止めきれず、「全否定された」「善意を拒否された」と感じることもあるようです。実際に福祉サービスや援助機関を利用したり、入所型の施設で生活したことのある当事者でないとわからないことがあるはずですが、どうしても援助機関や支援者の立場で考えてしまいがちです。支援者の立場より利用者の立場のほうが、客観的に見える場合もあるのです。

　民間による慈善事業も同様の課題を抱えています。2013 年に「子どもの貧困対策の推進に関する法律」が制定されたのを機に、各地で学習支援や子ども食堂が増えました。名古屋市周辺でも子ども食堂ネットワークが築かれており、市内だけでも 30 か所の子ども食堂が存在していることが報告されています。子ども食堂はテレビや新聞などの貧困特集で取り上げられることも多く、2019 年には大手コンビニチェーンのファミリーマートも子ども食堂を開始しています。

　学習支援も全国的に広がっています。学習支援は、自治体の事業として実施されていることも多く、ひとり親や生活保護を受給している家庭の子どもを主な対象として無料で実施されています。

　子ども食堂も学習支援も有意義な活動ですが、貧困対策として報道されてきた経緯もあり、利用者に対するスティグマが課題とされてきました。支援を受けることで、友だちや近隣住民の目を気にしたり、貧困者と思われることへの不安もあります。実際に、仲間外れやいじめなど、既存の人間関係に支障をきたすケースも報告されています。

　とくに、地方の子どもたちは都市部と比べて、学校や児童館、子ども会、青少年教育活動など所属するコミュニティを自由に選べず、簡単に抜け出せ

ません。小学校から高校まで同じ人間関係が続くような地域では、**一度で
きてしまったスクールカースト（学校における生徒間の序列）が高校まで
根強く残り、逃げ場がない子どもにとっては、死活問題です。**支援の受け
手となることで、周囲の対応が急変し、偏見に満ちた人間関係が続くので
あれば、支援を受けることを選ぶでしょうか。**子どもたちにはこの先も長い
人生が待ちかまえています。**「支援」と引き換えに「生きづらさ」という新
たな問題を抱え続けなければならない状態は避けなければなりません。

課題3 民営化が生む「支援」の選別と偏り

　民営化とは、国や都道府県、市町村が運営している公営施設や公営事
業を民間企業に委託することを意味します。子ども家庭福祉の分野でも、
公立の児童福祉施設が民営化され、子育て支援事業や福祉事業が、社会
福祉法人、NPO法人、一般社団法人などの事業者に委託されることが増
えています。民営化の目的は、政府の介入の抑制、財政負担の軽減、サー
ビスの向上などであるとされています。

　民間事業者は、基本的に利益を上げて組織を存続させることを最優先し
ます。そのため、収益性の高い介護サービスや、補助金と助成金が手厚い
障害者福祉サービスに事業者が集中する傾向にあります。必然的に、福祉
を学ぶ学生や若手人材の就職先も、そうした分野に偏っています。

　そのうえ、行政の委託事業は低コストを求められることが少なくありませ
ん。公募要領で臨床心理士、社会福祉士、精神保健福祉士などの専門職

を配置することが望ましいとしながら、年間の人件費が 60 万円しか認められないケースもあります。それでいて、質の高い支援が求められるため、労働環境の悪化を招くこともあります。

　また、委託先となる事業者の行政評価の基準は、主に収支や予算の規模、活動年数、相談や保護の件数、食事の提供回数、利用人数など「数字」に表れる実績です。「数字」は判断しやすいというメリットがある反面、受託事業者は、委託元に評価してもらうために「数字」を上げることを優先しがちになります。「数字」に頼らず、支援内容を評価するケースもありますが、その場合は、委託元の主観的な判断に左右されがちです。

　法定事業を営み、補助金など公費が投入されている援助機関や福祉施設であれば職員や従業員を雇うことも、事業を継続することも可能です。しかし、法定事業に該当しないケースでは、人件費や事務所費用などの運営費を自力で集めなければなりません。そうなると、採算が取れるような富裕層向けのサービスを運営するか、多くの人々の共感・応援を集めて寄付を募るか、民間の助成金を取得するしか方法はありません。**つまり、強い立場の人や多くの人に支持される事業にばかり、お金と人が集まり、結果的に支援の偏りや機会の不平等を招いています。**

　また、法定事業に該当しないケースでも、数少ない民間委託事業をめぐって、複数の事業者の間で競争が生じています。そして、競争原理が働くことによって、対象者の選別や偏りが生まれています。組織の利益、存続などの経営課題が重視されると、**法律や制度の後ろ盾がなく、うまみのない対象者は、事業者に見過ごされてしまいます。**利潤追求をアドバイスするコンサルタントや起業塾、事業者が増え続けた結果、うまみのない対象者に向き合う事業者はほとんど存在しなくなりました。

　さらに、市場競争や成果主義のなかで勝ち上がるために、制度上、支援

対象者と規定されている者を奪い合い、できる限りコストを抑えてサービスを提供するという事業者が増加しました。しかし、そのような姿勢は、ますます子ども・若者を福祉から遠ざけることになるでしょう。

　法定事業を営んでいない草の根のNPOが資金を確保するのに欠かせないのが助成金です。公益財団法人や社会福祉協議会、企業などの中間支援団体に申請書を提出し、書類審査で選ばれれば、助成を受けることができます。

　ちなみに、全国こども福祉センターが受けていた「中高生の居場所づくり事業（2017年度）」の助成金は、年間10万円でした。毎月の開催などが条件とされたほか、人件費の充当分は助成金の1割までと規定されました。未成年者を対象とした事業で、年間1万円の人件費というのは、責任面や安全面でも無理があります。最低でも、①打合せ、②広報・準備、③当日の活動、④反省と、毎月4日間は時間をつくり、本業を休むなりして「中高生の居場所づくり事業」の実施に費やす必要があります。1日4時間で計算すると、時給はわずか52円となります。

　子ども家庭福祉の民営化が進めば、福祉や教育に市場原理が持ち込まれるため、一部の子ども・若者や子育て家庭を対象とした事業に偏ります。そして、民間事業者は補助金や委託費をめぐって争います。その結果、法定事業や民間委託事業を選んで運営するか、もしくは、利用者の選別とコスト削減とを追求する事業者だけが生き残るのです。

　行政と民間事業者は、それぞれの特徴を活かして活動することでまんべんなく支援を届けることが可能になりますが、同じような支援をしているところにも問題があります。たとえば、**民間事業者では対応できない重篤な困窮者は行政が救済し、民間のソーシャルワーカーは自律的な判断で、行政の行き届かない分野をフォローする**という役割分担が望ましいあり方

ではないでしょうか。

課題4　創り出される「支援対象者」

　事業者である機関や団体は、利潤追求と実績数字をあげるために、「支援対象者」を創り出し、無理に増やそうとする傾向も見受けられます。

　全国こども福祉センターはこれまで、関係者や他機関の善意から様々なアドバイスをいただきました。もっとも多いアドバイスは、障害者就労移行支援事業（障害福祉サービス）を手がけてはどうかとの提案です。アウトリーチで出会ったメンバーに対して積極的に病院受診をすすめ、障害者手帳（療育手帳）を取得させれば、多額の給付を得られて儲かるという話です。当のメンバーの目の前で提案されることもありました。

　確かに、メンバーのなかには投薬を行っていたり、発達障害が疑われたり、知的能力が境界線（ボーダー層）という者もいます。障害者手帳（療育手帳）を取得すれば、障害者総合支援法（旧障害者自立支援法）により多額な補助金（自立支援給付）の対象となります。また、障害者を新規に雇用すると、3年間で一人当たり最高240万円の助成金を受け取ることができます（特定求職者雇用開発助成金）。『障害者の経済学』の著者、中島隆信氏によると、補助金目的の「障害者ビジネス」が横行しており、障害者給与は低く、補助金や給付金を大きく下回っていることも指摘されています。

　経営コンサルタントや起業塾などのアドバイスをもとに、福祉ではなくビジネス（利潤追求）を目的として参入する事業所が急増し、2007年に148

か所だった就労継続支援Ａ型事業所は 2016 年には 3,455 か所と大幅に増加しています。10 年で 20 倍以上の増加です。NHK の番組『ハートネットTV』の白田一生氏の取材では、制度の枠組みや事業者の都合に翻弄される障害者の姿が浮き彫りにされています[※20]。

　愛知県内で確認できる障害者福祉サービスは 6,493 件にのぼります。名古屋市内の障害児を対象とした事業者だけでも約 1,600 件あります[※21]。手帳所持者の奪い合いが起きているようで、全国こども福祉センターにも「手帳がなくてもいい。うちでとるから、子どもたちを紹介してくれ」「仕事を探している子ども・若者はいないか?」という話がきます。**まるで子ども・若者が商品のように扱われているようです。**

　また、厚生労働省によれば、2015 年度の障害者の平均工賃を時給換算すると 193 円、低い事業所(下位 25% の事業所)では時給 82 円程度であることが報告されています[※22]。その一方で、補助金や給付費制度の充実した障害福祉サービスや高齢者を対象としたビジネスが広がりを見せているのは、制度設計上の問題といえるでしょう。

　全国こども福祉センターでは「中高生の居場所づくり事業」の書類審査のために、事前に次のような実績報告書の提出を求められることがありました(図表 13)。ここには**「地域で居場所がなく、自分の居場所を主体的に作れない中高校生(不登校やひきこもり、家庭環境に留意が必要な子ども等)の参加人数をご記入ください」**という質問項目があります。読者の

※ 20：NHK「食い物にされる"福祉"〜障害者の大量解雇問題を追う〜」2017 年 10 月 22 日放送
※ 21：独立行政法人 福祉医療機構 WAMNET 障害福祉サービス事業所情報 2019 年 3 月 6 日検索
※ 22：厚生労働省障害福祉サービス等報酬改定検討チーム「就労継続支援Ａ型、Ｂ型に係る報酬について≪論点等≫」就労継続支援Ｂ型における平均工賃の状況

図表 13　中高生の居場所づくり事業の書類審査における実績報告書

(2) 上記(1)の①②にご記入いただきました人数のうち、地域で居場所がなく、自分の居場所を主体的に作れない中高校生（不登校や引きこもり、家庭環境に留意が必要な子ども等）の参加人数をご記入ください。

項目	人数
①中学生	人
②高校生	人

※該当者がいない場合については「0」とご記入ください。

(3) 平成 28 年度からの新規参加者の人数をご記入ください。

項目	人数
平成 28 年度からの新規参加者	人

※該当者がいない場合については「0」とご記入ください。

(4) 上記(3)にご記入いただきました人数のうち、地域で居場所がなく、自分の居場所を主体的に作れない中高校生（不登校や引きこもり、家庭環境に留意が必要な子ども等）の参加人数をご記入ください。

項目	人数
①中学生	人
②高校生	人

みなさんは、この質問について、どう思われますか。

　子どもの福祉にかかわる実践者であれば「居場所をつくれないと判断された子どもは、どのような気持ちになるだろう」と想像できる人もいると思います。しかし、このような評価のあり方に異論を唱える人はきわめて少数です。助成する側より、助成を受ける側である支援団体のほうが圧倒的に弱い立場にあるからです。

「地域で居場所がない」という判断は、あくまでも支援団体の主観です。しかし、「居場所がない中高生の参加人数」が評価基準となるため、主観に基づき参加人数を割り出すことが求められます。

全国こども福祉センターは「支援」を前提としていないため、このような評価基準に沿って「実績」を示すことは困難です。「地域に居場所がない」とか「主体的に居場所がつくれない」という評価に合わせようとすればするほど、子どもを「支援の対象」としてとらえなければなりません。それは、**子どもを選別することに加えて、事業の委託元が求める「支援対象者」をわざわざ創り出すことにもなります。**

書類選考という競争に勝つためには、補助金事業や委託事業、助成事業にあわせて柔軟に活動内容を変えていけばよいのかもしれません。しかし、どの事業も 10 代のメンバーの「役割」が決められています。かれらの役割は、いつも「支援対象者」であり、「福祉の受け手」なのです。それでは、出会う前から子ども・若者の役割を「支援対象者」と固定化し、もともと本人が持っている可能性や主体性を奪うことになりかねません。

課題5 感動ポルノと貧困ポルノ

子ども家庭福祉の分野のもう一つの財源に「寄付」があります。支援団体が、寄付をもらうためには、どうしたらいいのでしょうか。多数の団体のなかから寄付先として選ばれるには、実績や成果を上げるのはもちろん、みずからの活動を知ってもらうため、積極的にアピールする必要があります。

　その際、競合するほかの事業者より注目を集めようと、非日常的でインパクトのある悲惨なエピソードや感動的なエピソードが広く発信されることがあります。

　貧困などの悲惨なエピソードや事例を映像などによって見世物にする行為のことを「貧困ポルノ」、感動的なエピソードや事例を見世物にする行為のことを「感動ポルノ」といいます。どちらも、ドキュメンタリーやチャリティー番組、新聞記事などをとおして日常的に発信されています。

　感動ポルノは、過酷な環境に置かれた障害者が、視聴者に勇気や希望を与えるための道具として消費されてきた背景から生まれた造語です。Eテレ（NHK教育テレビジョン）が、ある民放テレビのチャリティー番組を「感動ポルノ」と批判したことから認知されるようになりました。

　感動ポルノについて、障害を持つ当事者の9割が「嫌い」と回答しています[※23]。重度障害者の乙武洋匡氏も「感動ポルノに苦しめられてきた一人」と述べています[※24]。

　それでも貧困ポルノや感動ポルノがなくならないのは、壮絶な状況に置かれている子ども、少女、重度障害者を救済する姿、そして、かれらが逆境に立ち向かい、がんばる姿は、多くの人の心に響くからです。行動経済学の友野典男氏が「人は感情で動く」と主張しているように、福祉分野でも感情が動きやすい対象者に支援が集中しています。たとえば、途上国支援を行う海外支援団体は、広く寄付を呼びかけていますが、その宣伝広告をみると、幼い少女の写真と解説文が添えられています。

※23：Eテレ「バリバラ〜障害者情報バラエティー〜」2016年8月28日
※24：乙武洋匡「感動ポルノ」との決別 2017年2月28日文春オンライン
　　　https://bunshun.jp/articles/-/1540（2019年7月31日最終閲覧）

「クリスマスまでに○○人救いたい。○○ちゃん、10歳。今日を生きるために働き続けます。幼いころから働き続け、学校に行ったことはありません。1日当たり150円あれば救うことができます」

「たった20円のワクチンで、子ども1人の命を救えます。皆さま、○○の子どもを感染症からお守りください!」

「みんなと同じように、わたしも学校に行って勉強したかった。だまされて売春宿に売られた少女、○○ 17歳。子どもたちを救うために毎月1,000円」

このような宣伝広告は、誰にでもわかりやすく、支援の必要性も理解できます。しかし、壮絶で悲惨な事例を「広告宣伝」のツールとして濫用すると、どうなると思いますか。宣伝広告するだけの体力がある一部の支援団体やメディアは、多くの人に対して**「支援すべき子ども像」**を印象づけます。それは、支援の偏りと社会的偏見を生み出す要因となります。

貧困ポルノや感動ポルノは、マスメディアやインターネットなどの不特定多数に情報が発信される場で行われています。世間の関心を集めやすく、高い視聴率を得ることができるからです。支援団体も共感や寄付を集める手段として、貧困家庭で暮らす子どもや売春する少女の事例、壮絶な虐待事例などを提供するようになりました。まずは、問題を知ってもらうこと、次に共感を集めて、無数にある支援団体から寄付先として自分の団体を選んでもらう必要があるからです。

ネット上で寄付を募ることができる「クラウドファンディング」という資金調達の方法があります。寄付を募る個人や団体は、まずクラウドファンディングを運営するサイトに仲介料を払い、特定の企画(プロジェクト)を掲載してもらいます。その企画に賛同して寄付してくれた人に特典を返すことを

条件に、インターネット上で寄付や投資を集め、資金調達をする方法です。

　わたしも実際にクラウドファンディングを利用したことがありますが、サイト運営者からインパクトのある情報を発信するよう、繰り返しアドバイスされました。とくに求められたのは、悲惨で壮絶な子どもの事例や、支援の必要性が高いエピソードです。クラウドファンディングの運営者は、「世間に広く知ってもらい、寄付行動に結びつけるために必要だ、貴団体のためだ」と強調します。

　しかし、インターネット上で、自団体に所属する子どもや少女の事例を紹介するという行為は、貧困ポルノにあたります。たとえ匿名であっても本人の自尊心を傷つけ、社会的な偏見を強めてしまう恐れもあるため、全国こども福祉センターではメンバーとも相談したうえで、クラウドファンディングの利用は控えるようにしました。

　テレビや新聞などのマスメディアも視聴者や読者の求めに応じて、悲惨なエピソードや非日常的な事件を取り上げがちです。もちろん、そうした報道によって、深刻な状況にある子どもたちを浮き彫りにするという意義があります。マスメディアの影響は大きく、壮絶で痛ましい事件の報道が法改正を後押しすることもあります。しかし、すでに事件化しているわかりやすい事例など、問題が表出している部分ばかりに報道が集中する傾向があります。これはマスメディアだけの責任ではありません。興味本位で弱者を眺めようとする視聴者側のニーズでもあるからです。

　感動ポルノや貧困ポルノが量産されてしまうと、ますます「支援する側」と「支援される側」が分離されて二極化していきます。**被写体となる子どもや女性は、社会的弱者のイメージを付与され、スティグマがいっそう固定化されてしまいます。**貧困ポルノの代償は高く、偏見や差別は普段の人間関係や学校生活、就職活動などに強い影響を与え、様々な機会や可能性を奪い

ます。たとえば、不登校やひきこもり、いじめなどの要因となり、子どもたちにとって死活問題に発展することもあります。このようなスティグマによる問題は、人を傷つけ、自尊心を奪うだけでなく、重大な健康被害や健康格差をもたらすことが世界保健機構からも報告されています。

　スティグマを生み出す支援団体に対して、子ども・若者は不信感を募らせることも少なくありません。貧困や感動を見世物として広告宣伝に濫用することで、子ども・若者を福祉から遠ざけるような結果を招いているといえるでしょう。

課題6 「支援」がはらむ支配関係

　貧困ポルノや感動ポルノのような情報発信は一方通行です。共感や支援が集まることもありますが、その裏側で、不快な思いをしたり、深く傷ついたりする人もいます。しかし、情報発信は支援を届けるための手段の一つです。では、一方通行に終わらせないためには、どうしたらよいのでしょうか。
　その最適解は、直接顔を合わせ「対話」を重ねることです。
　「対話」を成立させるには、情報を発信する側や支援者側が、情報を受け取る側の気持ちを想像したり、配慮する必要があります。逆に、配慮に欠けた一方通行の情報発信や支援は、支援者と被支援者の間に精神的な支配関係を生む場合もあります。
　いじめやパワハラが受け手次第で成立するように、「子どもたちのため」という強い理念のもとに実施された「支援」も状況次第で、受け手の尊厳

や自主性を奪ったり、無意識のうちに支援者への従属関係を強いたりすることもあります。だからこそ、支援を検討する際には**対話の時間を惜しまず、受け手の声を聴きながら学ぶ姿勢**を大切にしてほしいと、わたしは考えるのです。

　相談対応やカウンセリング、ソーシャルワークなどの援助関係においても同様のことがいえます。たいていの場合、当事者の同意や承諾は取れていると思いますが、そこに至るまでに専門家側が権威的な、あるいは誘導的な対応をしている場合もあります。介入する以上は、支援者側の専門性や職業上の権威が非支援者を萎縮させる要素となります。しかし、日本の社会福祉は援助機関や専門家に依拠しているため、その社会的なパワーが懸念されることはほとんどありません。逆にいうと、支援する側や専門家はみずからが権威的な立場にあることを常に自覚し、内省しながら当事者に向かい合う姿勢が重要です。

　支援対象者の評価・選別も日常的に起きています。支援者は、支援対象者にみずからの生い立ちや過去の体験を「ことば」にさせ、プレゼンテーションさせて、評価・選別することがあります。そこでは、より過酷な問題を抱えた対象者が選ばれやすく、ときには支援する側の社会的評価が上がるかどうか、補助金につながるかどうかなどの判断も働きます。したがって、対象者は支援を得るために（選別に漏れないようにするために）、過去の悲惨な体験を提供しなければならないのです。

　逆に、支援を得るために、感動ポルノや貧困ポルノを武器に感情に訴えかける子ども・若者をわたしは何人も見てきました。かれらは、壮絶な過去を売り物にしているのです。読者のみなさんは、支援をしたい、助けたいと思う子ども像をあらかじめ決めてしまっていませんか？　一度、考えてみてください。

課題7 親権の濫用と児童虐待

　子ども家庭福祉において、虐待の問題は喫緊の課題といえます。虐待事件が発生するたびに、児童相談所の人手不足が指摘され、児童福祉司の増員による体制強化が検討されています。しかし、児童福祉司や専門家を増員しても、虐待はなくなることはありません。なぜなら、児童相談所は基本的に事後対応をする機関です。「虐待が起きないようにする」というよりは、相談や通報があってから対応をします。助言や指導、一時保護や施設措置などの対応は、残念ながら虐待が起きてからの対症療法としての役割が大きく、予防ではありません。

　児童相談所での児童虐待相談対応件数は年々増え続けています（図表14）。これは、社会全体が「虐待を認識できるようになった」「虐待に対して敏感になっている」「通報が増えた」と解釈することもできますが、統計を取り始めた1990年以降、一度も減少に転じたことはありません。

　児童福祉司を増員したり、相談窓口を増やせば、対応件数は増えますが、虐待が発生する根本原因に対してアプローチできません。虐待が起きない環境をつくるためには、これまでの虐待対応から「虐待を生まない」「予防をしていく」という視点に転換していくことが必要です。もちろん、具体的な予防策や取り組みも求められます。

　基本的に虐待は「私物的わが子観」から生まれます。親権や監護権の濫用によって、子どもは様々な権利を奪われます。親権とは、未成年者の子どもを監護・養育し、その財産を管理し、子どもの代理人として法律行為をする権利や義務のことをいいます。

　アウトリーチの現場では、無断外泊や家出経験のある10代や20代とも

図表 14　児童相談所での児童虐待相談対応件数

	身体的虐待	ネグレクト	性的虐待	心理的虐待	総数
1990 年	内訳不明				1,101
1998 年	3,673 (53.0%)	2,213 (31.9%)	396 (5.7%)	650 (9.4%)	6,932
2012 年	23,579 (35.4%)	19,250 (28.9%)	1,449 (2.2%)	22,423 (33.6%)	66,701
2013 年	24,245 (32.9%)	19,627 (26.6%)	1,582 (2.1%)	28,348 (38.4%)	73,802
2014 年	26,181 (29.4%)	22,455 (25.2%)	1,520 (1.7%)	38,775 (43.6%)	88,931
2015 年	28,621 (27.7%)	24,444 (23.7%)	1,521 (1.5%)	48,700 (47.2%)	103,286
2016 年	31,925 (26.0%)	25,842 (21.1%)	1,622 (1.3%)	63,186 (51.5%)	122,575
2017 年	33,223 (24.8%)	26,821 (20.0%)	1,537 (1.1%)	72,197 (54.0%)	133,778
2018 年	40,256 (25.2%)	29,474 (18.4%)	1,731 (1.1%)	88,389 (55.3%)	159,850
2021 年	49,241 (23.7%)	31,448 (15.1%)	2,247 (1.1%)	124,724 (60.1%)	207,660

出典：厚生労働省「平成 12 年度児童相談所における児童虐待相談処理件数報告（2001 年 11 月 14 日発表）」、厚生労働省「平成 30 年度の児童相談所での児童虐待相談対応件数（速報値）（別添 2）（2019 年 8 月 1 日発表）」、令和 3 年度 福祉行政報告例「児童相談所における児童虐待相談の対応件数，児童虐待相談の相談種別×児童虐待相談の経路別（2023 年 1 月 19 日公開）」を参考に著者が編集作成

よく出会います。かれらに家に帰らない理由をたずねると、主要な理由としてあがるのは、親権者からの虐待でした。また、家出をしてきた少女を福祉の観点から善意で保護する場合、安易に成人男性がかかわったために、大きな問題になることがあります。日本の法律では、親権者ではない人が

被虐待児を保護した場合、すぐに児童相談所に保護を求めなければ、親から警察へ通報され、誘拐容疑（未成年者略取及び誘拐罪）で逮捕される可能性があります。このこと一つとっても、いかに日本の親権が強いかがわかります。

　親権は「子どもの最善の利益」を守るためにあります。ところが、親権が強いために、子どもは親権者を自由に選べません。また、親が虐待する環境にあっても、簡単に逃れることはできません。運よく児童相談所をとおして保護されたとしても、行き先は限定されており、施設か里親委託となります。したがって、施設でも里親でもうまくいかない場合は、行き場を失ってしまうのです。**親権者が「子どもの権利」を奪うことのないようにするためには、子どもが信頼している大人を親権者に選べる、追加できるようなシステムにすることも必要です。**

アウトリーチの展開過程とスキル

アウトリーチの展開過程

　第6章では、アウトリーチを実践するうえで重要な展開過程と、そのときに必要となる14のスキルを紹介します。これまで全国こども福祉センターが試行錯誤しながら実践してきたことを整理・理論化し、体系化したものです。

　国内ではまだアウトリーチの具体的な方法論は体系化されているとはいいがたく、知見の蓄積も十分ではありません。とくに、家庭への訪問活動以外の実践事例はほとんど紹介されていないので、ここに紹介する方法が今後の総合的な体系化の端緒となれば幸いです。

　まず、全国こども福祉センターが実践しているアウトリーチの展開過程を紹介しましょう（図表15）。全国こども福祉センターでは、7段階の展開過程すべてにおいて、若いメンバーたちが主体となって取り組んでいます。

　全国こども福祉センターが実践しているアウトリーチの場所は、家庭や学校などの特定の場所ではないので、最初に実施する場所を決めなければなりません。そのために、候補地を絞り込み、アウトリーチ・ポイントを設定するところからスタートします。候補地に訪れて、アウトリーチに適しているかどうか、現地調査を実施することを【①フィールドワーク】といいます。

　そして、【①フィールドワーク】で取得した情報をもとに【②社会分析】を実施します。【②社会分析】とは取得した情報を分析して、社会の実態や変化をとらえることです。街の状況や人々の様子、出来事などをていねいに観察することで、候補地の姿がより具体的に見えてきます。

　どのような人や集団がいるのか、どのような特徴（髪型や服装、持ち物など）をしているのか、通行人はどのような人で、どの方向に向かう人が多い

図表 15　アウトリーチの展開過程／著者作成

1	フィールドワーク（観察、調査、情報収集）

▼

2	社会分析（問題意識、問いを持つ）

▼

3	目的や目標の設定・共有、方法の選定

▼

4	介入 (1) 喚起（知ってもらう） 　　(2) 接触（出会いから人間関係づくり） 　　(3) 交流（人間関係づくり）

▼

5	モニタリング（経過観察、確認）

▼

6	事後評価

▼

7	人間関係の継続、アフターフォロー

のか、どのようなお店があるのか、通りを行き来する車や、路上駐車の様子はどうか、どのような呼び込みや勧誘行為が行われているのか、スカウトやキャッチはどのような人たちで、どのような手法をとっているのか、子ども・若者の間では何が流行していて、どんな話題が交わされているのか、などなど。

　こうして設定したアウトリーチ・ポイントでアウトリーチを実践する際にも、引き続き【①フィールドワーク】と【②社会分析】を行います。たとえば、繁華街では共通して、以下のような現象をよく見かけます。

（1）見たことのないアーティストが路上でライブ活動をしており、人だかりが

できている。

(2) 誰かわからないが、上手に通行人に話しかけて、何かの勧誘行為をしている。

(3) 内容も不明瞭で、違法か合法かわからないが、目立つ看板が公道にある。

　このような現象は、何気なく通行しているだけでは、意識せずに素通りしてしまいますが、少し観察するだけで、気になり出します。さらに調査していくと、次のようなことがわかります。

(1) 正体は10代に人気のあるユーチューバー。Twitterで事前に告知し、ライブ活動を行っていた。

(2) 正体は風俗店のスカウトだった。近づいて勧誘の内容を確認すると「お仕事探していない？」と声をかけて、キャバクラ、ヘルスやソープなど風俗業にあっせんしていた。路上でのスカウト行為は条例違反に該当するが、警察の目の届かないところで数時間のうちに何度も確認された。勧誘行為の手順は、声をかけ、雑談や共通の話題などから信頼を得て、連絡先を交換していた。なお、繁華街活動で出会ったスカウトの一人である他県出身の10代の少年は後にメンバーとなり、当時は保護観察中で「頼れる大人はいなかった」と話している。

(3) 看板をよく見ると「エステ」と書かれている。サービス内容をホームページで確認したが、違法とまでは判断できない。通行人から異様に人目を引いているが、公道に看板を立てるには許可が必要である。

　そうして見たり、聞いたりした情報や現象について、「何が起きているのか」をメンバー同士が互いに「ことば」にして共有します。【②社会分析】の

過程で、新たな問題意識が生まれることもあります。何度も参加している
メンバーは定点観測を行うことによって、いつもと何が違うのか、他のメン
バーと視点がどのように違うのかを知る機会にもなります。

　また、実際に【②社会分析】をしてみると、マスコミが社会問題だとして
報道している状況と、実際の現地の様子とが必ずしも一致しない場合もあ
ることにも気づきます。

　次に、アウトリーチの【③目的や目標の設定】をします。目的とは「ほか
の勧誘行為より先回りしよう」「犯罪抑止につなげよう」「ほかの世代と人間
関係をつくろう」など、最終的に到達したいゴールのことです。目標とは、
目的達成に向かう途中の目印のことで、「声かけで1人でも多くつながろう」
「募金を1万円集めよう」など、より具体的なものです。

　【③目的や目標の設定】で重要なポイントは、アウトリーチ活動に参加し
ているメンバー個人の参加の動機や問題意識を尊重することです。組織と
しての活動目的はありますが、メンバー個人の問題意識から出発しないと主
体的に参加することはできません。

　メンバーの参加の動機は様々ですが、大きく分けて2つのタイプに分か
れます。一つが、動機となる明確な問題を抱えているタイプです。「家に居
づらい」「話を聞いてほしい」「いじめや不登校の状態にあり、学校以外の
居場所を探している」などです。このタイプに対しては、少しでも状況を改
善できないかと、先輩メンバーが相談に乗ります。そして、「家庭や学校と
は別の場所に楽しみをつくろうか」とか「この先どうしていこうか」とか、一
緒に目的や目標を考えます。なかには最初から「自分と同じような立場の子
どもの支援にかかわりたい」という積極的な動機を持つ子どももいます。

　もう一つは、動機が不明瞭なタイプです。「声をかけられたから」「誘わ

れたから」「ただ、なんとなく」と、最初は受動的な姿勢で活動にかかわります。活動には参加したいけれど、自分で目的や目標を設定できなかったり、「ことば」でうまく説明できない子どももいます。このタイプに対しては、無理に目標を設定するのではなく、人間関係づくりからスタートしています。

　最初は受動的であっても、全国こども福祉センターには、繁華街活動やスポーツイベントなどで多くのメンバーと出会い、交流をとおして新しい価値観や情報に触れる機会が用意されています。そうした機会をとおして「話せるようになりたい」「○○の役に立ちたい」「声かけができるようになりたい」など、自分自身の潜在的なニーズに気づき、目標を持てるようになることもあります。

　アウトリーチに参加するメンバーが、自分の目標や目的を「ことば」にし、ほかのメンバーと共有することは重要です。共有できて初めて、他のメンバーから反応を得ることができるからです。お互いの考え方や価値観の違いを知ることもできます。ほかのメンバーと目的や目標を共有した後は、全国こども福祉センターの組織としての目的や目標も伝えます。

　アウトリーチの次の展開過程は【④介入】です。これは、対象者と接触し、人間関係をつくるために働きかけることです。【④介入】の段階を3段階に分類すると、(1) 喚起（知ってもらう）の段階、(2) 接触（出会いから人間関係づくり）の段階、(3) 交流（人間関係づくり）の段階に大別されます。最終的には、人間関係をつくることが目的です。

　アウトリーチが始まると、自分の実践を【⑤モニタリング】します。実践中の自分の表情や気持ち、感情に変化がないか、相手との距離感は適切か、相手の反応や表情、しぐさはどうか、などを経過観察することです。

　【⑤モニタリング】では常に自分と、自分と他者との接点（関係性）を観

察対象とします。自分の実践を客観的に俯瞰し、問題があれば、表情や態度、やり方などを随時修正していきます。経験が浅いうちは、自分自身で気づくことは難しいので、メンバー同士が互いに相手を観察し、指摘しあうことで修正する方法もあります。たとえば、気持ちが落ち込んで、目も合わせず、下を向いて声をかけていたことを周囲のメンバーから指摘され、励ましを受けてから、意識的に修正しながら実践することもあります。

　実践の後は、【⑥事後評価】によって実践を振り返ります。その日のアウトリーチ活動をとおして、どのような影響や変化があったかは見えにくく、成果は個人の主観や感覚に左右されがちです。【⑥事後評価】は事実に基づいて行わなければならず、実践中の出来事や実践前後の変化などを誰でもわかるように記録し共有しておくことが大切です。

　たとえば、「今日は通行人全体に向けてではなく、とくに 10 代の通行人を対象に、笑顔で募金の呼びかけをした。すると、いつもよりも目が合って立ち止まる 10 代が増えた。それが対話につながり、活動内容に興味を持った 3 人の少女が、活動に合流して 19 時まで参加してくれた。また、スカウトの勧誘行為よりも先回りすることができた。10 代に対する介入の成功率は上昇したが、募金の金額は前回よりも 3,000 円減少した」などと記録します。出会った相手のプライバシーを守る必要があるため、団体ごとに記録のルールを決めておくとよいでしょう。

　全国こども福祉センターのアウトリーチ活動は、特定の支援や援助機関につなぐことをゴールにしていないので、基本的に終結はありません。その後も、ゆるやかに【⑦人間関係の継続】をします。アウトリーチをする側も、受ける側も同じ一人の人間として、相互関係が続いていくことに特徴があります。アウトリーチの展開過程で緊急度の高いケースに遭遇すれば、相談

に応じ、公的機関の利用や同行支援などの対応をすることもあります。

　こうした展開過程をとおして、出会った子ども・若者や全国こども福祉センターのメンバーは、互いに人間関係を構築して、社会参加への道をのぼっていきます（図表16）。

図表16　アウトリーチをした場合、しなかった場合の子ども・若者のあゆみ

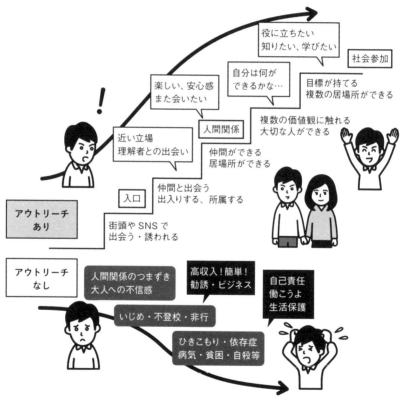

放置すれば問題が深刻化するケースでも、アウトリーチ活動によって、徐々に人間関係を構築すれば、明確な目標を持って社会参加するまでに至る可能性を秘めています。

アウトリーチの14のスキル

　全国こども福祉センターが実践しているアウトリーチスキルは、受け手となる子ども・若者に参加してもらい、かれらの視点を取り入れながら、積み上げてきたものです。また、特別な知識や能力がなくても、訓練をすれば習得できます。

　本書では、全国こども福祉センターのアウトリーチスキルを14種類に分類し、解説します（図表17）。実際のアウトリーチの現場では、この14種類のスキルをいくつか組み合わせ、連動させながら活用しています。一つのスキルを習得しても、思うような成果を上げることはできないでしょう。したがって、各スキルは別々に存在するものではありませんが、ここでは解説のため、便宜的に14種類に分類しています。

　なお、アウトリーチスキルの土台として、コミュニケーションスキルが重要となります。コミュニケーションスキルは日常的に幅広い場面で活用される社会スキルですが、ここでは割愛させていただきます。

　14のスキルの解説に入る前に、一つ留意すべき点をお伝えします。**アウトリーチは人や集団に対して介入する側面があるため、それに伴い、副作用が生じる恐れがあります**。相手の意に反して、こちらの考えを押し付けたり、必要以上に干渉し過ぎたりすれば、相手の気持ちを傷つけたり、尊厳を奪う恐れもあります。スキルを活用する際には、こうしたリスクをはらんでいることも知っておく必要があります。

　アウトリーチを実践する際には、介入する相手の気持ちを鑑み、本人の尊厳を奪わないよう、スキルの活用以上に受け手に対する「敬意」や「尊重」の姿勢が重要です。

図表 17　アウトリーチの 14 のスキル／著者作成

	実践スキル（名称）	概要
1	観察・洞察スキル	幅広い視点・視座からの観察や洞察をとおして情報を取得する技術
2	分析スキル	取得した情報（データ）を科学的に取り扱い、識別や分類、比較したり、解析・解剖したりして、因果関係や構成を解明する技術
3	臨在スキル	同じ空間に滞留し、個人や集団から存在を承認してもらう技術。基本的には口を出さず、話を聞いたり、あいづちを打ちながら、時間を共有する
4	喚起スキル	対象者の五感に訴えかけ、非言語的コミュニケーションをとおして、対象者の注意・関心を呼び起こす技術
5	リスク回避スキル	アウトリーチで発生するリスクを察知、予期して回避する技術。リスク対策で介入に伴う負担を軽減したり、負担の少ないスキル選択が可能
6	レパーティースキル	場の空気を読み、状況を察しながら会話を展開したり、対象者の興味・関心に合わせ、臨機応変に話を合わせたり、柔軟に対応する技術
7	主客転換スキル	アウトリーチを行う側の役割と受け手の役割（主体と客体）を入れ替え、コミュニケーションを円滑に進める技術
8	翻訳・通訳スキル	対象者の発した「ことば」から、本人が伝えたい内容やニュアンスをくみ取り、言語化を補助したり、明瞭化したりする技術
9	リフレーミング・グリーフケア	悲しみや怒り、ネガティブな物語・体験に共感しながら、別の見方や考え方を提示して、ポジティブな気持ちや姿勢に変換する技術
10	ブランド強化スキル	対象者に選んでもらうために、他者との明確な識別を演出し、アウトリーチを行う側の価値や信頼を高める技術
11	ポジショニングスキル	「位置取り」と「立場」を調整することで、対象者に対する見え方や印象を変える技術。対象者との接触、コミュニケーションの機会を増やすことが可能
12	ドメイン・セグメント調整スキル	「情報発信する領域（ドメイン）」を対象者のニーズに合わせて調整、設定する技術。対象者と接触できる確率を向上させる
13	チーム・アプローチ	複数のメンバーから構成されるチームによるアプローチ。メンバー同士の連携によって、各スキルを強化したり、介入リスクを抑えたりすることができる
14	模倣・習得スキル	見たもの、聞いたもの、感じたものを実践に変換する技術。参与観察や模倣、実践の蓄積により習得できる

（1）観察・洞察スキル

　観察・洞察スキルとは、**アウトリーチの対象者とその周辺を注意深く見て、様子や変化を人に説明したり記録したりするスキルです。**全国こども福祉センターでは、フィールドワークにおける観察・洞察をとおして、幅広く情報を取得します。

　一人だけで観察・洞察を行うと、先入観や偏見、誤解が生じる恐れがあるため、メンバー同士で情報交換しながら行います。複数のメンバーでチームを組んで行う場合もあります。同じ対象者を観察しても、どこに注目するかは、その人の価値観によって変わるため、取得する情報も異なります。しかも、人は誰でも、自分にとって都合のいい部分だけを見ようとする傾向があります。複数のメンバーが異なる視点から取得した情報を交換し、記録・共有することで、観察・洞察の精度が上がります。

同じ対象を観察しても、どこに注目するかは、その人の価値観によって変わるため、取得する情報も異なります。複数のメンバーが異なる視点から取得した情報を交換し、記録・共有することで、観察・洞察の精度が上がります。

　複数のメンバーが協力して行えば、多角的に観察・洞察することが可能になります。一人で観察や洞察をする場合は、時間をかけたり、何度も参加

したり、足を運ぶなどして、違う角度や視点から見るとよいでしょう。また、近くの現象に着目するだけではなく、少し遠くから俯瞰したり、全体を見渡す観察方法もあります。距離の違いだけで、取得する情報が変わることもあります。

　全国こども福祉センターは設立以来、毎週、繁華街や祭礼行事でフィールドワークを行ってきました。名古屋駅の太閤通口でフィールドワークを行うと、明らかに幼い顔立ちをしている少年が堂々とタバコをすっているのを見かけることがあります。あちらこちらで勧誘行為も確認できます。子どもに声をかけて言葉を交わすと、家出や深夜徘徊、パパ活や援助交際などに直面することもあります。警察や周囲の大人が、こうした不良行為に気づいてもおかしくないと思うのですが、これまで一度も、子どもに声をかける大人と出会ったことはありません。

　また、人の流れや動きを観察していると、流れを縫うように上手に声をかける人がいることに気づきます。居酒屋の呼び込み、キャッチセールス、風俗のスカウトたちです。このような勧誘行為は、名古屋駅や栄駅、金山駅周辺のほか、東京都内、札幌や博多、神戸や大阪などの人通りの多い場所で確認できます。注意してよく観察すると、ひたすら声をかけるだけでないことに気づきます。「お探しは?」など相手の求めているものを聞く、店名を出さず個人的に仲良くなろうとする、具体的な業種を言わず高収入であることを強調する、監視カメラに映らないようにするなど、様々に工夫されています。

　勧誘行為のターゲットは18歳未満の子どもも含まれます。とくにねらわれるのは一人、もしくは二人組の若年女性です。愛知県内の繁華街、花火大会など規模の大きい祭礼行事など、子ども・若者が集まるほかの場所でも同様の勧誘行為が確認できます。

　祭礼行事でひと際目立つのは、ホストの集団です。装飾品を身につけ、

髪の毛をセットするなどのオシャレをし、夏祭りに合わせた浴衣などを着て、宣伝や勧誘を行っています。かれらは、歩行者天国の交差点など人通りの多い場所に位置取りをしながら、若い女性を観察し、所属店舗と個人の名前や顔が印刷された団扇(うちわ)を配ったり、女性と写真撮影をしています。その場で立ち話をして意気投合をしている場面も見受けられます。

（2）分析スキル

　分析スキルとは、**観察・洞察によって取得した情報に基づき、法則性や因果関係などを導き出すスキルです。**たとえば、繁華街の構造をもとに、どのエリアに若者が集まるのか、どのようなタイプの若者が集まるのか、なぜそのエリアに集まるか、などを割り出します。フィールドワークを重ねるたびに新たな情報を取得できるため、その都度、分析をして法則性や因果関係を見直していくことも必要です。どの情報を優先するのか、取捨選択することも求められます。

　繁華街活動における洞察・観察によって、複数のメンバーが取得・共有した情報に基づき、どのように分析スキルを活用しているかを具体的な事例で紹介しましょう。

　たとえば、いつもより中高生の割合が多いと分析した場合はメンバーで話し合って、手を振ったり、ティッシュを積極的に渡しにいったり、大きな動きで楽しげな様子を演じるようにします。逆にサラリーマンが多いと分析した場合は、楽しげな様子よりも誠実な雰囲気になるように意識して、募金活

動を前に出し、役割分担を変えて活動の趣旨をアピールするように切り替えます。

さらに個別の事例をあげれば、噴水の近くに気になる少女を見つけた場合は、彼女の様子や服装などを分析して、その日のメンバーで誰が対応するのが適任なのかを素早く相談し、声をかけにいきます。

このように、アウトリーチを実践する際には、そのとき見たものや聞いたものなど、取得した情報を処理して対応することが求められます。

なお、分析力を高めるには、実践経験のほかにも、基礎となるデータの収集も重要です。全国こども福祉センターでは、すでに公式に発表されている資料を調べたり、アウトリーチ・ポイントやSNS上で、子ども・若者の実態調査を独自に行っています。以下に2016年4月～9月に名古屋駅太閤通口周辺で実施した路上調査を紹介しましょう。

名古屋駅は、おしゃれな商業施設やオフィスが並ぶ繁華街を擁しており、中部地方最大のターミナル駅です。名古屋駅の一日の利用者数は、約112万人（2011年版 名古屋市統計）。地下鉄、私鉄、JR、新幹線、バスも含め、様々な路線が乗り入れています。アクセスが良いうえ、利便性も高く、通学・通勤、買物、待ち合わせにも選ばれる場所です。学校や予備校、塾も多く、地方から通う若者も多く見かけます。また、遊び場やアルバイト先も多いことから、子ども・若者に対する勧誘行為が頻繁に行われています。

全国こども福祉センターでは、ここで勧誘行為と同じスタイルで、若者に声をかけて簡単な聞き取り調査を行いました。見た目だけでは年齢がわからないため、メンバーが「若者」と思った通行人、座っている人に対して、無差別的に声をかけています。（図表18）は、回答してくれた195人の年齢、出身、どのような勧誘行為を受けたかを男女別に集計したものです。

名古屋駅前なので、名古屋市内の通行人のほうが多いはずですが、市内

図表 18　子ども・若者を対象とした声かけによるアンケート調査
（勧誘行為の種類については複数回答）

1．年齢

	男	女	合計
①10～14歳	0	2	2
②15～19歳	11	122	133
③20～24歳	11	41	52
④25～29歳	2	2	4
⑤30～34歳	0	2	2
⑥35歳以上	2	0	2
合計	26	169	195

2．出身

	男	女	合計
①名古屋市内	3	65	68
②名古屋市外	14	92	106
③不明	—	—	21
合計	17	157	195

3．勧誘行為の種類

	男	女	合計
①ナンパ	0	28	28
②相席屋	2	4	6
③居酒屋	3	18	21
④アイドルメイドの勧誘	0	2	2
⑤美容院・エステの勧誘	0	10	10
⑥風俗求人チラシ等	0	11	11
⑦署名・募金活動	0	2	2
⑧キャバクラ	2	19	21
⑨クラブ	0	0	0
⑩バイト勧誘	0	1	1
⑪なし	14	78	92
⑫その他	4	8	12
合計	25	181	206

※その他（自由回答）
　女性への誘い／出会い喫茶（4）、婚活バー（2）、水着居酒屋（2）
　男性への誘い／ホスト（3）、AV男優、違法ドラッグ、募金強要、ケンカ、写真撮影、
　　　　マルチ商法

の地元出身者より市外の地方出身者が、声かけに多く反応していることがわかります。これまでの経験でも、地方出身者のほうが応じてくれやすいことがわかっています。これは、地方出身者が名古屋という街に詳しくないために警戒感が薄かったり、勧誘行為に免疫がなかったりすることが要因であると考察できます。

　同様に15歳〜24歳が多く反応しているのは、**年齢が若いほど、勧誘に対する経験や判断力が乏しいからではないかと考察できます。このことは違法な勧誘やスカウト行為にも応じやすいことを示しています。**勧誘の具体的な内容は、女性はキャバクラや居酒屋、風俗や美容院など。男性は居酒屋や相席屋、キャバクラの勧誘のほか、違法ドラッグや募金強要、マルチ商法の誘いも一部確認できました。勧誘行為をきっかけとして犯罪につながるリスクがみられます。

　また、情報をもとに、あらかじめ街の構造を把握しておくと分析の際に役立つでしょう。これまでのフィールドワークから得られた情報をもとに、名古屋駅太閤通口周辺の簡易な地図を作成すると、（図表19）のようになります。

　（図表19）に示したように、西口周辺にある学校に通学したり、家電量販店に寄ったり、ゲームセンターで遊ぼうとする場合、白矢印のルートがよく選ばれます。横断歩道の手前には信号があるため、通行人はいったん立ち止まります。待ち時間が長く、会話をするのには好都合な場所です。

　周辺には通信制サポート校や専門学校、予備校や塾、10代に人気なアニメショップやプリクラコーナーがあるゲームセンター、テーマパークに向かうバスの乗客の集合場所、東京・大阪行きの格安長距離バスの発着場所、安価なファミリーレストラン。作成した地図にはありませんが、街のネオンも若者が落ち着ける適度な照度です。こうしたことが、多くの地域から若者

図表 19　名古屋駅太閤通口（西口）周辺地図（2018 年 1 月時点）
　　　　／フィールドワークをもとに著者作成

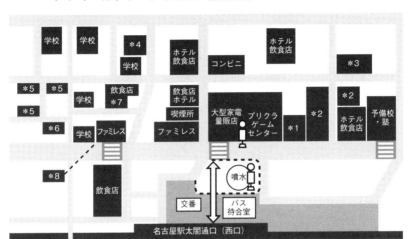

*1　中学生からアイドルとして働ける。ステージ上でのパフォーマンスや路上での客引きでファンを増
　　やしている。時給 1,000 円以上。系列店にリフレやカフェなどがある。
*2　出会い喫茶、水着居酒屋、洗体エステ、相席屋、風俗店、ネットカフェが並ぶ。
*3　風俗店が並ぶビル。周辺に安価な居酒屋、奥にラブホテルがある。
*4　ビジネスホテル。出会い喫茶や相席屋に出入りする女性の間で、「避妊具が置いてあり、援助交
　　際で頻繁に利用されている」と口コミが多数ある。
*5　JK ビジネスの規制に伴い、メイド喫茶に類似した形態のコンセプトカフェが出店。
*6　大手アニメショップ。10 代が集まる。
*7　風俗店が乱立。近くに通信制サポート校と専門学校のビルがある。
*8　何度も店名を変えているガールズバー。10 代半ばのスタッフが働いていた。ビルの上階に位置し
　　ており、中の様子ははっきりと見えない。現在は居酒屋に。

が集まってくる要因だと考えられます。

　調査結果を鵜呑みにせず、年齢、性別、容姿、服装などによって、バイ
アス（偏り）が生じることも考慮する必要があります。調査員が対象者を見る
際にもバイアスが生じますし、調査員の見た目によって対象者の回答が変わ
るという逆のバイアスもあります。なるべく同条件のもと、複数の調査員で継
続的に観察や分析を行うことで、より精緻な分析が可能となるでしょう。

（3）臨在スキル

　臨在スキルとは、**アウトリーチの対象者である子ども・若者と同じ空間に一緒にいることで、「相手から存在を承認してもらう」スキル**です。承認してもらい、安心感を抱いてもらうことをめざします。対象者がアウトリーチによる介入を拒否するような場合や、年齢差があって共通の話題が見つからない場合などに活用できるスキルです。

　臨在の方法は、お互いの存在を認識できる近い位置に立ち、基本的には口を挟まないようにします。相手に不安感を与えないよう、積極的な行動をとらず、ただ話を聞いたり、あいづちを打ったりしながら、時間を共有します。そこから、徐々に人間関係づくりの糸口を探ります。

対象者と歳が離れていて、声をかけにくい場合、ほかの誰かと対話している近い位置に立ち、一緒に話を聞いたり、あいづちを打ったりして、時間を共有していると、存在を承認してくれるようになります。

　臨在している間、別のメンバーとしゃべったり、看板を持ったり、互いに別々の作業をすることもあります。対象者が集団（グループやコミュニティ）に所属している場合、その集団のほかのメンバーに受け入れられていれば、対象者にも承認されやすくなります。

　30代の専門職が10代の少年に直接、声をかけるのは、年齢差があり、ハードルが高いと感じる人もいると思います。そのような場合、臨在スキル

が活用できます。若いメンバーが 10 代の少年と一対一で会話をしていると
きに、そのメンバーの隣にいきます。少年の視界に入ることができれば、会
話に参加しなくても、存在は認知されます。少年と信頼関係のあるメンバー
の隣で時間を過ごせば、まったくの他人ではなく、「知り合いの知り合い」
からスタートできるので、「仲間」として承認されやすくなります。

　わたし自身、7 ～ 8 年前にこの活動を始めたころは 20 代ということもあ
り、対象となる子ども・若者ともすぐに意気投合しましたが、最近では年齢
差が大きくなって、話の糸口が見つからないことも増えてきました。その結
果、臨在スキルを活用する場面が増えました。

　しかし、歳をとることはマイナスばかりではありません。話の聞き手に
回っていると、相談を持ちかけられる機会も増えていきました。年齢差は広
がりましたが、それを自覚して臨めば、良きアドバイザーとしての役割を果
たすことができます。全国こども福祉センターの活動は、子ども・若者が主
体で動いている団体ですが、臨在スキルを活用すれば、年配者でも役割を
見出せます。

　ただし、単にそばにいるだけでなく、集団の内側から対象者を観察・洞
察することが重要です。情報を収集しながら、介入のきっかけや人間関係づ
くりの糸口を探るのです。臨在スキルは言語のやり取りで関係を深めるので
はなく、時間の共有を基本とした人間関係づくりの方法といえるでしょう。

（4）喚起スキル

　喚起スキルとは、主に非言語的コミュニケーションにより、**相手の五感に訴えかけ、注意・関心を呼び起こすスキル**のことです。

　たとえば、スカウトやホストは、近くの女性に存在を認知してもらうために、派手な髪色・髪型や目立つ格好で、人通りの多い交差点や目立つ場所に位置取りをします。かれらは、話しかける前から女性に対してメッセージを放っているのです。

　逆に、まったく話しかけずに「入店祝い金」「○○プレゼント」「セレブな暮らし」などメリットばかりが印刷されているティッシュや団扇を手渡す姿も見かけます。人通りが多い場所で「女性無料」「高収入」「寮完備」という看板を掲げたり、同様の広告を掲載したトレーラーを見かけたりすることがあります。いずれも多くの通行人に認知してもらうことがねらいです。

　一年をとおしてよく配られるものは、ポケットティッシュです。夏季には団扇、冬季には使い捨てカイロや使い捨てマスクなど。いずれも受け取りやすく、実用性や携帯性の高い小物が多く、それに広告を載せて、認知してもらうようにします。営利企業が行うセールスプロモーションも、アウトリーチの「喚起スキル」に該当します。

　たとえば、インターネット広告やテレビCMを観察すると、「除菌しないと部屋のなかはバイキンだらけ」「3人に1人は○○の病気になります」「将来の貯蓄は○○万円必要」など、購買意欲や投資意欲などを高めるために、過剰に不安や危機感をあおるメッセージ（ネガティブ広告）を見かけます。逆に「こんなわたしでも、すぐに稼げた！」「いま入会すると○○万円キャッシュバック！」など、多くの人が食いつきそうな経験談や特典を並べて、あ

の手この手で人々の行動を喚起しようとするメッセージ（ポジティブ広告）
も存在します。街中を歩いていると、業種や業務内容は詳しく書かれていな
いのに、「短時間で高収入」「自由出勤」「髪型自由」「寮完備」など、わか
りやすいメリットを並べた求人広告の看板やフリーペーパーもあります。

スカウトが配っていたポケットティッシュに付いていた小さいサイズの広告チラシ。左は
高時給や髪型自由、楽に稼げるなどのメリットを多数提示。右は、ドリンクやフード、カ
ラオケやインターネットなどの利用が、女性の場合に無料。さらに、ディズニーランドの
ペアチケットが当たるなどと表記されている。面接や問い合わせは、QRコードを読み取
ることで簡単にできる。

　このように、喚起を促す方法はテレビCMやチラシ広告など、日常にあふ
れる販売促進活動から学ぶことができます。その具体的な方法は、喚起を
したい対象者によって異なります。10代を含む子ども・若者をアウトリーチ
の対象としている全国こども福祉センターでは現在、以下のような喚起スキ
ルを行使しています。

■名古屋駅太閤通口（西口）の繁華街でのアウトリーチ

- ●対象や集団に向けて視線を送る（見つめる）。
- ●笑顔や明るい姿をみせる。

- 着ぐるみを着用する。
- 身振り手振りをする。
- 看板にキャッチコピーを並べる。
- 情報が掲載された看板を通行人の目に触れるようにする。
- 募金箱を持つ。
- 通行人に向けて広くアナウンスをする。

■ SNS 上でのアウトリーチ

- 流行しているキーワード、ハッシュタグをつけて投稿する。
- 写真映えする景色、料理やスイーツの画像を載せる。
- かわいい動物の画像や動画を載せる。
- 対象者がおもしろいと思う画像や動画、投稿を載せる。
- 適度に「いいね!」をする。

着ぐるみを着て、通行人に向かって身振り手振りをすれば、直接話しかけなくても、興味や関心をもってくれる通行人もいます。ときには相手から話しかけてもらえることもあります。比較的簡単にできる方法なので、全国こども福祉センターのメンバーがもっともよく使うスキルです。

　上記の方法は、呼び止めたり、話しかけるような直接的な接触ではなく、対象者に非言語的なメッセージを投げることで、イメージやインパクトを残すことが目標となります。着ぐるみを着て、通行人に向かって身振り手振り

をすれば、直接話しかけなくても、「何をやっているの?」と疑問が生じ、興味や関心を持ってくれる通行人もいます。ときには相手から話しかけてもらえることもあります。喚起スキルのみで接点をつくり、会話につなげることも十分に可能です。身振り手振りや視線を送ることなどは、比較的簡単にできる方法なので、全国こども福祉センターのメンバーがもっともよく使うスキルです。

　また、喚起スキルは、受け手に負担にならないかどうかを事前に確かめる方法でもあります。もし、喚起して相手が興味・関心を示さなかったり、拒否した場合には、介入しないという判断を下すことができます。喚起スキルを活用すれば、一方通行になりがちな介入も、受け手に配慮したアプローチが可能になります。

きぐるみを着用する伊藤ひかりさん
(彼女のインタビューを第 7 章に掲載)

　ただし、喚起スキルは顔つき、目つき、しぐさ、色合い、距離感などによる非言語コミュニケーションとなるため、見た目や第一印象が重要となります。視覚から得られる情報は重要で、人は見た目が 9 割、第一印象で決

まるといわれています。自分がどのように見られているのか、どのような印象を与えているのか、客観的に自己分析する能力が不可欠となります。

　全国こども福祉センターのメンバーは、普段からお互いの外観や好みのルックスなどをよく話題にしており、アウトリーチの際も、どのように見られているか、どんな印象を与えているかについて、アドバイスしあいます。着ぐるみを着ているのは興味・関心を引くための工夫です。アウトリーチの対象者から親しみを持たれるような髪型・服装、ナチュラルなメイクを心がけ、工夫しているメンバーもいます。

（5）リスク回避スキル

　リスク回避スキルとは、**アウトリーチで発生するリスクを予測して、最小限に抑えたり、回避したりするスキル**のことです。

　みなさんは突然、自宅や職場に知らない人が訪問してきたら、どんな気持ちになりますか。毎日のように、大量のダイレクトメールやチラシを送りつけられたり、強引な勧誘を受ければ、迷惑、不快だと感じる人も多いと思います。

　アウトリーチは介入の側面が強く、やり方次第で、強引な訪問や勧誘行為となる恐れがあります。対象者への配慮が足りないアウトリーチは、受け手に心理的な負担や恐怖心を与えたり、傷つけたりする恐れもあります。「あなたからの情報は受け取りたくない」「これ以上、あなたの話は聞きたくない」と拒否されて、対象者に二度と接触ができなくなることもあります。

　アウトリーチのリスクを完全になくすことはできませんが、受け手である対象者の権利を侵害したり、利益に反するような介入は控えるべきです。受け手の立場に立ち、気持ちや感情を想像して、発生するリスクを事前に抑えるよう、心がける必要があります。

　受け手の立場を想像するには、アウトリーチの受け手を実際に経験することがもっとも近道です。全国こども福祉センターのメンバーは、勧誘行為や迷惑メールなど、何らかの介入を受けた経験のある者が多いため、かれらの意見を重視するようにしています。あらかじめどのような状況で介入されると迷惑、不快と感じるのか、事前に教えてもらい把握しておけば、リスクの発生を抑えた方法を選ぶことができます。

　また、リスクはアウトリーチを行う側にもあります。介入しようと対象者との距離を詰めた結果、拒否されるだけでなく、ときに罵声や誹謗中傷、つきまといなどの攻撃を受けることもあります。対象者が未成年者の場合、保護者から訴えられるリスクもあるので、法律や条例などを念頭に置きながら介入することも、リスク回避に必要なスキルといえるでしょう。

　全国こども福祉センターのアウトリーチの実践で、よくあるケースを紹介しましょう。

　所在なげにいる少女に声をかけて言葉を交わすうちに、「家に帰りたくない、でも児童相談所は嫌だ」という言葉が出ることがあります。この言葉を真正面に受けて対応すると法的なリスクが生じる恐れがあります。家に帰りたくない原因を聞いてあげることは大切ですが、親権を持つ保護者の同意をとらないまま、感情に負けて事務所で保護する（泊める）という選択をとれば、保護者から訴えられ、未成年者略取、誘拐などの犯罪行為に発展しかねません。

　「今日は家に帰りたくない」と言われたときは「泊める、泊めない」の二

者択一に陥り、感情に流されてしまいがちです。このような場合、まずは相手の気持ちを真摯に受け止めながら、本人が抱える様々な問題を引き出すようにします。すると、そのうち「母親がほとんど帰ってこない」「友だちがウザい」「学校に行きたくない」といったことを断片的に語り始めます。問題の根幹部分が把握できれば、「家に帰りたくないこと」が彼女の一番のニーズではないこともわかってきます。そこから「20 時までだけど、メンバーと話していく？」「また来週、話そう！」「今度バドミントン一緒にやろう」など、新たな提案をしていきます。**本人と対話することで、リスクを抑えた別の選択肢を提示することが可能となるのです。**

　スマートフォンが普及してからは、ICT を活用したアウトリーチや援助機関による SNS の運用も盛んです。しかし、そのほとんどは、交流するためのものではなく、一方的な情報発信や相談窓口を設置するために登録、運用されているものです。相談窓口の存在を知らせることは重要ですが、子ども・若者の目線に立った SNS の運用とはいいがたく、タイミングを誤れば、不快な広告だと受け止められる恐れもあります。

　SNS は「ブロック」「リムーブ（フォローを外すこと）」「公開・非公開（鍵）の設定」「ミュート（非表示）」などの機能があるため、利用者から必要ないと判断されれば、リアルに対面する以上に、簡単に関係を断たれてしまいます。また、SNS は、お互いの表情や感情の動きなどが見えにくいため、誹謗中傷や炎上など、トラブルに発展することも少なくありません。

　全国こども福祉センターが、対面によるコミュニケーションを重視しているのは、口調の強弱や相手の反応、感情の揺らぎなどを見逃さず、それに合わせて対応を変えることできるからです。出会った最初は、お互いに何も情報がありません。しばらくして、相手が 16 歳だとわかったとします。しかし、そこからすぐに根掘り葉掘り個人情報を聞くことはしません。様子を見

ながら、少しずつ自分から話題を出し、その反応を見ながら会話を続けます。共通の話題などが見つかれば、もう少し踏み込み、知りたいことを質問して、交流へと展開させていきます。この間にもたくさんの情報が取得できます。リスクを回避・抑制するには、ていねいな対話をとおして信頼関係を築きながら、段階的に相手のことを理解していくことが望ましいといえます。

（6）レパーティースキル

レパーティー（repartee）とは、「気のきいた応答」「機転をきかせた様」「会話の機知」などの意味があります。「レパートリーが広い」というときの「レパートリー」と語源は同じです。「レパーティースキル」を日本語にすると「当意即妙スキル」となります。「当意即妙」とは、「すばやくその場面に適応して機転をきかすこと」です。**コミュニケーションの最中に、場の空気を読み、状況に応じて返答したり、相手の興味の方向に先回りしたり、臨機応変に話を展開していくスキル**のことです。

関西人は「ボケ」に対して、間髪入れずに「ツッコミ」を入れるのが上手だといわれます。相手の言葉をとらえ、巧妙に切り返すことで、会話が盛りあがります。これもレパーティースキルです。このスキルを高めるためには、教養や雑学を深め、若者の文化に広く通じることが求められます。話題を切り替えていく点で、（5）のリスク回避スキルと似ていますが、レパーティースキルは、リスク対策が目的ではなく、人間関係づくりをめざします。

たとえば、スマートフォンアプリのゲームが話題になったとします。その

ゲームをまったく知らないと、話についていけません。また、ホストやキャバクラ、デリバリーヘルスやソープなどの風俗関連の話題になった場合も、業界のことを知らなければ、会話を広げることはできず、返答に詰まることもあるでしょう。質問力があれば、その場を乗り切ることは可能ですが、深く共感したり、会話を発展させることは図ることはできません。

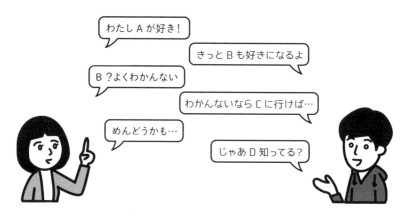

レパーティースキルとは、会話の最中に場の空気を読み、状況に応じて返答したり、相手の興味の方向に先回りしたり、臨機応変に話を展開していくスキルのことです。相手の言葉をとらえ、巧妙に切り返すことで、会話が盛りあがります。

　対象者と生活環境や価値観、文化の違いが大きいほど、会話の節々でギャップが生じます。ギャップが大きければ、その差を埋めるのに時間や労力、ストレスもかかります。会話のなかから即座に話を広げるためのキーワードを見つけ出すには、実体験に基づき知識を増やすことが最適な方法だといえますが、それが難しい場合は、当事者からゆっくり話を聴いて情報を収集し、リアルな状況を学ぶことが必要です。また、話題のレパートリーを広げるには、幅広い知識を身につけたり、コミュニケーションの実践を積

んでいくことがベストです。

　初めて出会ったときや介入初期の段階では、会話の糸口が見つからないときもありますが、その場合は（1）観察・洞察スキルや（3）臨在スキルで、共通の話題となるような情報を集めていくとよいでしょう。または、（4）喚起スキルで対象者の反応を確かめながら、非言語コミュニケーションを活用して、話しやすい雰囲気をつくるとよいでしょう。

（7）主客転換スキル

　主客転換スキルとは、**アウトリーチを行う側と受ける側の立場を入れ替えることによって、コミュニケーションを円滑に進めるスキル**のことです。援助機関に対して抵抗があったり、支援を拒否する子ども・若者に対して有効な方法です。

　通常、支援者から子ども（支援対象者）に対して支援が提供されます。支援の方向を矢印で示せば「支援者→支援対象者」となります。この両者の立場を意図的に逆転させて、矢印の方向を「支援対象者→支援者」にするのです。つまり、こちらが「受け手」の立場を引き受けるようにします。

　アウトリーチをきっかけに出会った 10 代の少年の事例を紹介しましょう。その少年は出会ってからしばらくしても、喫煙などの問題行動を省（かえり）みようとしませんでした。そこで、先にこちらから相談をもちかけてみました。わたしが「今日もご飯を食べていないよ」と、自己管理ができていないことを少年に伝えました。それに対して少年は「しょうがねえなぁ、俺の菓子パン恵

んでやるよ」と、パンをくれました。少年はわたしに向かって「しっかりし
ろよ」と励ましてくれるようになりました。同時に、「自分も悪いことしちゃ、
あかんよね」と、自分の行動を振り返るようになったのです。その後もとき
どき「借り」をつくりながら、少年との交流を続けた結果、少年は社会活
動にも参加するようになり、メンバーの前では喫煙をしなくなりました。

　ほかの主客転換の事例として、わたしが大学の演習で活用している事例
を紹介します。普段、演習を受けている学生に、逆に講義を担当してもらう
というものです。学生が教員として教壇に立ち、ほかの学生やわたしに講
義をします。担当した学生は、講義をする側になって初めて、教えることの
難しさや準備のたいへんさなどを体験できます。それ以来、教員の講義に
興味を持つ学生が増えました。

　全国こども福祉センターでは、設立当初から「一緒に活動をしよう」「手
伝ってほしい」というスタンスで、子ども・若者に声をかけています。施設
入居児童の支援や居場所づくりを掲げて、「ここに君たちの居場所がある
よ」と参加を呼びかけても、参加者が集まることはありませんでした。子ど
も・若者に対して「居場所があるよ」と声をかけるのではなく、逆に「支援
活動や居場所づくりに力を貸してほしい」「同世代の力が必要」とお願いを
するほうが、多くの参加者が集まります。**支援やサービスを受けるよう呼び
かけるのではなく、協力を募るというスタンスで呼びかけ、社会的な役割
を提示するほうが効果的です。**これも主客転換の事例といえるでしょう。

（8）翻訳・通訳スキル

　翻訳・通訳スキルとは、**対象者の発したつたない「ことば」から伝えたいニュアンスをくみ取り、きちんとした「ことば」にするのをサポートしたり、逆にこちらの言いたいことをわかりやすく伝えたりするスキル**のことです。

　アウトリーチで出会った子どもやメンバーのなかには、自分の気持ちをうまく「ことば」にできない者もいます。「うん」「ううん」としか答えず、服をつかんだり、そっぽを向いたりと、ほとんど言語を使えない子どももいます。

　また、10代から20代前半の子ども・若者の日常会話では、独特の言葉やインターネットユーザーでのみで通用する言語表現なども飛び交います。たとえば、「ツイート」はつぶやきのこと、「RT」はリツイート、「パクツイ」は他人のつぶやきを引用せず、自分で考えたかのようにつぶやくこと。「草（くさ）」「www」は笑える、おもしろいという意味。「マジレス」は真面目な返信や反応をすること、「乙（おつ）」はお疲れ様という意味があります。

　子どもたちと年代の近い大学生でも、言いたいことを把握するのは簡単ではありません。さらに、同じ年代の子ども同士でも、生活環境や育った地域、所属するコミュニティによって意味が通じないことがよくあります。読者のみなさんが想像している以上に、意思疎通を図るのは大変です。

　全国こども福祉センターでは、子どもたちの気持ちを察して代わりに「ことば」を見つけてあげたり、新しい俗語や言語表現がわかるメンバーが言い換えてメンバー全員で共有したり、日常的に翻訳・通訳スキルを使っています。「うざ（うっとうしい）」「きしょ（気持ち悪い）」といった感情的な言葉が発せられたときには、事情をゆっくり聴いて、「そんなことがあったんだ

ね。つらかったね」と、柔らかい言葉に言い換えながら、質問をしていき、具体的な原因を引き出してあげることもあります。当たり前のことですが、会話の内容を理解できれば、その会話に参加できるため、相手との距離も縮まります。

メンバーのなかには、ほとんど言語を使えない子どももいます。また、10代から20代前半の子ども・若者の間で交わされる独特の言葉に、ついていけない年上のメンバーもいます。そんなときは、言葉のわかるメンバーが日常の言葉に言い換えて、メンバー全員で共有します。

　逆に、こちらの言いたいことをわかりやすく伝えることも必要です。学生ミーティングなどに10代の子どもが参加すると、話の内容が難しく、ついていけなくてポカンとしていることがあります。また、「アウトリーチ」や「支援」などの用語は、同じように聞いていても、人によって解釈やイメージが異なる場合もあります。そのようなときは、その子のわかる言葉にして説明し直します。その子の普段の生活や親しんでいるゲームの話などに置き換えると、伝わりやすくなります。

　10代を相手に翻訳・通訳スキルを高めるには、日頃から多くの10代と言葉を交わしたり、SNSを利用して10代の発信している投稿から学ぶなどの方法があります。言葉の内容や発し方から、そのときの気分や感情を把握することも必要です。言葉を交わしながら相手の反応を確認し、気分や感情を把握していくとよいでしょう。

（9）リフレーミング・グリーフケア

　「リフレーミング」は、カウンセリングで使われる用語です。心理学者の西尾和美氏は「リフレームの目的は、いままでの考えとは違った角度からアプローチしたり、視点を変えたり、焦点をずらしたり、解釈を変えたりと、誰もが潜在的に持っている能力を使って、意図的に自分や相手の生き方を健全なものにし、ポジティブなものにしていくこと」と説明しています[※25]。全国こども福祉センターでは、**対象者の過去のつらい体験や援助機関に対するネガティブな見方をポジティブに変換するスキル**として活用しています。

　全国こども福祉センターのアウトリーチで出会う子どもや相談に来る保護者のなかには、家族や学校、児童相談所などの援助機関に対する不満や憤（いきどお）りなどをあらわにする人もいます。そのような対象者からは、ていねいに話を聴き、否定的な感情に至った背景や要因を一緒にたどり、対象者の痛みや喪失（グリーフ）に向き合います。対象者が抱える痛みや喪失に寄り添うことを「グリーフケア」といいます。

　ここで**大事なことは、共感しながらも安易に同意や同調をしないことです**。悪口や批判に同意してしまうと、ますます否定的な感情が強まります。家族や学校、児童相談所などの立場や限界を説明し、違う見方ができることも伝えて、できるだけ客観的に見ることができるように視点を変えていくことが大切です。

　グリーフケアとリフレーミングの事例を一つ紹介します。「親からひどい虐

※25：西尾和美『リフレーム　一瞬で変化を起こすカウンセリングの技術』大和書房，2012年，P32

待を受けた、援助機関も助けてくれなかった」などと、つらかった出来事を毎回話してくれる少女がいます。彼女と対話するときは、まず、彼女の痛みや喪失に寄り添い、悲しみを共有することにしています。「死にたい」という「ことば」を否定せず、ただひたすら共感します。

　ときには過去を振り返る時間も大切ですが、過去の問題は解決できないことも多く、ある程度の折り合いをつけることも必要となります。しかし、自力で折り合いをつけたり、ネガティブな状態を脱したりすることは容易ではありません。

　そこで、「過去」から「現在」に話題を切り替えることで、これからどうしていくのか、二人で一緒に考えるようにします。たとえば、「いま何をしているの?」「晩ご飯どうするの?」と現在のことを問いかけると、それがきっかけで、意識が現在や未来に向かうようになることがあります。晩ご飯の話題を出した翌日には、彼女は実際に晩ご飯をつくって、その写真をメッセージと一緒に送ってくれました。髪型の話をしたときは、美容院でヘアメイクした直後の写真を添付して、イメージチェンジしたことを報告してくれました。

　過去の経験から離れて現在や未来のことを楽しく語り合い、ときには一緒に活動して体験や時間を共有することができれば、気持ちも少しずつポジティブに変化していきます。**つらかったことや過去の出来事を話題にするのではなく、現在や未来の話題に切り替えていくことで、意図的に視点をずらすこともリフレーミングの手法の一つです。**

　グリーフケアは、大切な人やペットと死別したときのケアとして注目されていますが、最近では福祉の分野で活用されることも期待されています。とくにアウトリーチは、介入の側面が強いため、介入をする側も受ける側も、痛みを伴うことがあります。チームで実践する場合、仲間のグリーフケアやリフレーミングも必要となるでしょう。

（10）ブランド強化スキル

　ブランド強化スキルとは、**アウトリーチを行う援助機関や専門職の存在感を演出、アピールして、対象者に選んでもらうためのスキル**です。

　ブランドとは、自社の商品・サービスを他社のものと識別させる目印、自社の商品・サービスを選んでもらう手がかりとなる目印のことです。その表現手段には、ネーミングやマーク、ロゴデザインなどがあります。どの企業も他社と競争するために、ブランド強化に取り組んでいます。福祉事業を営む団体が市場化の進む福祉分野で生き残るためにも、不可欠なスキルといえるでしょう。

　繁華街や SNS 上で行うアウトリーチでも、同様のことがいえます。不特定多数の人が行き来し、膨大な情報が氾濫しているため、存在感を演出しなければ埋没してしまいます。この点が、家庭訪問や学校・職場などの特定の場所に出向いて行う、これまでのアウトリーチと大きく異なるところです。繁華街や SNS 上でアウトリーチを行う際には、対象者に選んでもらうために、ブランド強化スキルが重要となります。

繁華街やネット上は、不特定多数の人が行き来し、膨大な情報が氾濫しているため、存在感を演出しなければ埋没してしまいます。こうした場所でアウトリーチを行うには、対象者に存在をアピールし、選んでもらうために、特徴や個性を打ち出すことが必要です。

ブランドを高めるには、特徴や個性を打ち出して、口コミで評判を広げてもらうのも一つの方法です。着ぐるみを着ているのは、親しみを演出すると同時に、個性をアピールするねらいもあります。「名古屋駅前の着ぐるみの集団」という評判が定着すれば、全国こども福祉センターの知名度も上がり、活動自体も広く認知されるきっかけになります。

　ネット上での方法には SEO 対策（Search Engine Optimization, 検索エンジン最適化）などがあります。SEO 対策とは、検索されたときに上位にリストアップされるよう工夫することです。繁華街で全国こども福祉センターの活動と出会い、少しでも興味をもった子どもたちの多くは、インターネットや SNS で評判などを調べて、どんな団体であるか、どんな人が出入りしているかを知ろうとします。したがって、ホームページに掲載する情報、内容は非常に重要です。

　口コミや SNS で、おもしろい、楽しいという評判が広がり、援助機関を検索したときに上位に表示されるようになれば、信用度もグッと上がります。団体の理念や所属メンバーの魅力を発信することもブランド強化につながります。「行ってみたい」「話してみたい」「どんな人だろう」などと興味・関心を持ってもらえれば、対象者のほうから足を運んでくれることもあります。アウトリーチをした際にも「知っています」「友だちから聞きました」と応じてくれれば、その後の展開が進みやすくなります。

（11）ポジショニングスキル

　ポジショニングスキルとは、対象者や周囲の状況に応じて、**アウトリーチ を実践する個人の「位置取り」と「立場」を調整することで、対象者への 見せ方や印象を変えるスキル**です。対象者と同じ空間に臨在している場面 や、コミュニケーションの場面で活用できます。

　まず、「位置取り」とは、アウトリーチの実践者が対象者から見て、どの ような位置に立っているかをいいます。実際に立っている物理的な場所だ けでなく、容姿や姿勢、性格やキャラクターなどが、対象者からどのよう な「立ち位置の人間」に見えているかも含みます。「ノリの軽い仲間」「誠実 そうなおにいさん」「おかあさんのような人」などです。そして、「位置取り」 を調整するとは、対象者のタイプや状況に応じて、立っている場所や、容姿 や姿勢、性格やキャラクターなどを望ましい見え方に調整することです。

　「位置取り」を最適に調整するためには、綿密な自己分析とほかのメン バーからのアドバイスをとおして、自分自身がまわりのメンバーから求められ ている「位置取り」を知ることが前提となります。たとえば、不特定多数の 人がいる繁華街やSNSでは、目立つ場所に立たないと自分自身の存在が 埋もれてしまいます。そのうえで、最適な容姿やキャラクターを演出し、ほ かの人との差別化を図ることで、対象者から認知してもらいやすくなります。

　繁華街で実践できる方法を紹介しましょう。繁華街では実際に立ってい る場所を少し変えるだけで、明るい場所、薄暗い場所、人目につく場所、 人目につかない場所など環境が変化し、対象者に与える印象も変わります。 体調が悪く、顔色が悪いときや、化粧やひげそりを忘れたときなど、あえて 容姿を目立たせたくないときは、意図的に対象と距離を置いたり、顔が見

えにくい角度や照度の低い場所に移動したりする方法があります。

年齢が離れた男性メンバーが10代の少女にアウトリーチする場合、近い距離で接すると、会話の内容よりも見た目で拒否される場合もあります。この場合、一歩引いたスタンスのほうが、円滑にコミュニケーションをとることができるでしょう。自分が前に出て話し相手になるより、横や後ろに位置しながら、誠実そうな姿を見せるほうが好印象を持たれることもあります。

最適な「位置取り」は、アウトリーチの対象者やアウトリーチに参加するメンバーによって常に変動します。全国こども福祉センターでは、対象者の年齢、服装や見た目などの容姿、雰囲気などを見て、同じメンバーが「位置取り」を調整して対応するほか、相性の良さそうなメンバーと交替することもあります。

「立場」を調整するとは、立場（資格、役職、所属、年齢など）が対象者に与える影響を考慮して、資格名や所属を出したり、出さなかったりして、最適な立場に調整することです。もちろん、嘘をついて信用を失うようなことをしてはいけません。

初対面では極度に身構えたり、緊張したりする対象者もいるため、なじみやすく、かかわりやすい状態に、みずからの「立場」を柔軟にシフトしていきます。対象者からみて、最適な「位置取り」を定め、「立場」を調整していくことで、円滑にコミュニケーションできるようになります。ポジショニングスキルは、（6）のレパーティースキルと違って、豊富な言語能力を必要としないため、比較的実践しやすいスキルです。

（12）ドメイン・セグメント調整スキル

　ドメイン・セグメント調整スキルとは、**対象者の価値観やニーズに合わせて「情報発信する領域」を調整するスキル**のことです。「ドメイン」とは「領域」「範囲」、「セグメント」とは「細分化」「分類」を意味します。

　世の中は日々、膨大な情報が発信されているため、やみくもにメッセージを発するだけでは、そのなかに埋もれてしまい、届けたい人に届きません。また、受け取る側の価値観やニーズに沿った内容でなければ、「自分には必要ない」と無視されてしまいます。価値観やニーズが多様化していることも、メッセージが届きにくい原因です。そこで、全国こども福祉センターのアウトリーチでは、対象者の興味・関心などに合わせて「情報発信する領域（ドメイン）」を設定し、メッセージが届くように工夫しています。

　たとえば、「ボランティア」という「領域（ドメイン）」で情報を発信した場合、ボランティアの体験があるか、福祉や社会貢献活動に興味・関心がある人からは反応を得やすいですが、そうでない人からは反応を得にくくなります。また、「ボランティア」にも児童を対象とするものもあれば、高齢者、障害者、被災者などを対象とするものもあり、様々なドメインに分かれます。児童を対象とするなかにも、途上国など海外の子どもを対象とする海外支援と、国内の子どもを対象とするものに分けることができます。さらに、国内の子どもを対象とするものに絞っても、学習支援、食支援、居場所づくり、非行や虐待を防止する活動、心理治療や医療、社会的養護の子どもに対する支援など、細かく分類（セグメント）されます。

　「ボランティア」といっただけでも、このように様々な領域（ドメイン）があります。メッセージを届けようと思えば、募集する側と応募する側の求める

ものを一致させなければなりません。

　たとえば、「名古屋市内で青少年に声かけ活動をするボランティア」という具体的なドメインを設定して協力を呼びかけた場合、「名古屋市内」と「青少年の支援」で検索する人に情報を受け取ってもらいやすくなります。一方で、細分化されたドメインだと選んでもらえないような場合もあります。「名古屋市内」で活動するのは、知り合いと会うかもしれないから嫌だ、という人もいます。その場合、「名古屋市内」と限定せずに「青少年の支援」とだけ掲載したり、あえて曖昧なドメインにすることもあります。

　ボランティアや社会活動に興味のない子ども・若者もいます。そのような子ども・若者に向けて、全国こども福祉センターでは前述したとおり、フットサルとバドミントンのスポーツイベントを行っています。活動内容は、スポーツをとおして交流を進め、人間関係を築いて非行や孤立の予防を図ることです。ただし、メンバー募集の際には極力、「非行防止」や「健全育成」という用語は使わずに、「スポーツによる交流」と打ち出しています。「非行防止」や「健全育成」は大人目線の用語であり、抵抗感を抱く子どももいるからです。

　さらに、スポーツの種類を明示しておくことで、そのスポーツに興味のある層を取り込むことが可能となります。全国こども福祉センターでは、バドミントンとフットサルの二つのコミュニティを運営していますが、それぞれの特徴や参加している層は異なります。

　このように、対象者の価値観やニーズに合わせた領域（ドメイン）を設定し、細分化（セグメント）して打ち出すことで、情報が届きやすくなり、選んでもらいやすくなります。全国こども福祉センターでは、毎週実施するフィールドワークから、子ども・若者の価値観やニーズをくみ取り、ドメインを調整しています。

（13）チーム・アプローチ

　チーム・アプローチとは、複数のメンバーによるアプローチのことをさします。複数のメンバーが協力しあうことで、スキルを強化したり、発生するリスクを抑えることができます。ここでは、「スキルの強化」「依存先の分散」「共生教育」の3つの機能に絞り、説明します。

「スキルの強化」機能

　複数のメンバーが協力することで、単独で実施するよりもスキルを強化できます。

　観察・洞察スキルは、単独で行うより複数で行ったほうが、取得できる情報が増えて、情報の客観性も高まります。分析スキルも同様で、複数で実施することにより、多角的な分析が可能となります。臨在スキルもメンバーが多くなればなるほど、対象者から承認が得られやすくなります。そして、ブランド強化スキルもメンバー同士が紹介しあうことで、単独で自己紹介するよりも、信用度を高めることが可能です。

　また、チーム内で実践内容を共有することで、スキルの向上、知見の蓄積、新しいスキルの開発などを促進します。

「依存先の分散」機能

　単独でアウトリーチを行うと、その後、対象者から強い依存関係を求められることがあります。しかも、対象者からの強い依存行為が特定のメンバーに集中することがあります。この事態を回避するためには、複数のメン

バーが協力して依存先を分散できるようにしておく必要があります。

メンバーのなかには、家族や学校、職場以外の人とのかかわりを求めている者もいます。そうしたメンバーは、アウトリーチの対象者から自分に向けられる強い依存を「必要とされている」「心地よい」と感じることもあります。

そのため、対象者と積極的に連絡先を交換するのですが、そこから毎日電話がかかってきたり、メールやLINEによる即レス（すぐに返信をすること）を求められたり、24時間迅速な対応を催促される状況に陥ることがあります。もはや「心地よい」どころではなくなり、追い詰められて疲弊してしまいます。対象者からの依存行為に応えられないと、逆に誹謗中傷を浴びるようになり、ストーカー行為へと発展した事例もあります。**一対一の関係は閉鎖的になりがちです。ほかのメンバーから見えにくい状況ほど、人間関係のトラブルが発生しやすいといえるでしょう。**

とくに若い男女間のコミュニケーションは、適切な距離感を保つことが簡単ではありません。できるだけ同性間で人間関係をつくることが望ましいのですが、異性間のコミュニケーションを制限したり、禁止したりすることは過干渉ともいえます。

全国こども福祉センターでは、特定のメンバー同士の関係が強くなりすぎないよう、一対一ではなく、グループもしくはコミュニティでの交流をメインとしています。また、対象者に複数で対応することで、幅広い興味・関心でつながることができるというメリットもあります（図表20）。

「コミュニティ」「チーム」「グループ」の3つの類似する用語が出てきたため、本書では次のように整理しました。

●コミュニティは共通の関心を持つ、一定の地域・社会、人の集団、共同体

　例：スポーツ・コミュニティ、コミュニティサイト、地域・学校コミュニティ

●チームはある特定の目的を達成するために協力する集団、結束した集団。

　コミュニティより規模が小さい。

　例：バレーボール部、子どもの貧困対策プロジェクトなど

●グループは属性で分類された集団で、コミュニティより規模が小さい。

　例：2 年生、A 組、女子など

図表 20　単独アプローチとチーム・アプローチの比較／著者作成

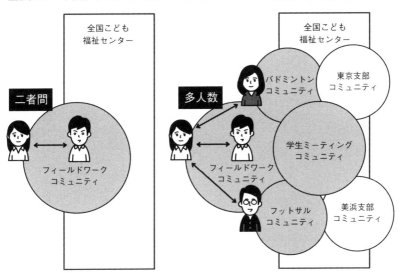

アウトリーチを単独で行うと、交流が広がらず、依存関係の強い一対一の関係になる恐れがあります。

チームで行えば、依存先が分散されるだけでなく、チームの各メンバーが所属する様々なコミュニティを紹介することもできます。

全国こども福祉センターは、新規メンバーが多いため、共通の属性で分類された「グループ」の概念に近い集団で活動しています。活動経験が長く、理念を理解、共感したうえでアウトリーチを実施しているコアメンバーや運営メンバーは「チーム」の概念が該当します。活動ごとにすみ分けしているフィールドワーク、フットサル、バドミントンは「コミュニティ」となります。チーム・アプローチでは、出会った子ども・若者にメンバーの所属する各コミュニティを紹介することもあります。

「共生教育」機能

　共生とは、お互いに足りない点を補いながら、他者と共に生きることをいいます。「依存先の分散」機能では、強い依存関係を求められることのリスクを述べましたが、一方で、依存関係は人間が成長、自立していくうえで不可欠です。小児科医で東京大学特任講師も務める熊谷晋一郎氏は**「自立は依存先を増やすこと。希望は、絶望を分かち合うこと」**と述べています(※26)。絶望的な体験も一人で抱え込まず、他者と分かちあえば、少しは心が晴れ、負担は小さくなるはずです。

　ただし、依存先が限られてしまうと、その依存関係がいたずらに強まり、視野の狭い閉鎖的な状況に陥ります。逆に、依存先を増やし、それぞれの関係性をゆるやかにしておけば、円滑に社会生活を送れるようになります。

　全国こども福祉センターでは、一対一の閉鎖的なコミュニケーションを避けるため、誰でも出入りできる風通しのよいコミュニティやグループを複数つくり、そこで交流することで、多様な価値観の人たちとの接点を確保してい

※26：熊谷晋一郎インタビュー「自立は、依存先を増やすこと　希望は、絶望を分かち合うこと」
『TOKYO人権』第56号，2012年11月27日発行，公益財団法人東京都人権啓発センター

ます。とくに留意していることは、**「一般社会から隔離しないこと」**です。専門家集団が子どもたちを包囲し、手厚く支援するようなことも行っていません。非専門家であるボランティアや子ども・若者がアウトリーチやコミュニティの運営にかかわり、メンバー同士が常に接触し、さらには社会と接触を続けながら、他者や社会と共生する方法を学んでいます。

（14）模倣・習得スキル

　模倣・習得スキルとは、**実際に見たもの、聞いたもの、感じたもの、学んだものを模倣して習得し、実践に活用するスキル**のことです。ここまで説明してきた13のスキルを習得して実践するための、最後のスキルです。

　アウトリーチを実践するには、まず観察・洞察スキルが必要となりますが、このスキルを習得するには実際に現場に同行して、見よう見まねでやってみることです。残りのスキルを習得するのも、知識を学ぶより、実際にやってみるほうが近道といえるでしょう。人に教えるには体系的に理解する必要がありますが、実践するためには、それは後回しでもかまいません。ただし、その後のスキルアップのためには体系化して理解することが重要です。

　たとえば、レパーティースキルの活用には「場の空気を読むこと」が求められます。その必要性を頭で理解できたとしても、実際に現場で実践できなければ意味がありません。まずはやってみる、模倣してみることが、スキル習得の第一歩です。模倣は、実践されている場所に出向き、近くで観察

することから始まります。そこから実践・反省を繰り返すことで徐々にスキルを習得することができます。

　アウトリーチスキルは、コミュニケーションスキルを土台としています。したがって、以上の14のスキルを十分に発揮するには、コミュニケーションスキルを磨いておく必要があります。さらに、コミュニケーションには個人の価値観や姿勢などが反映されるため、自己分析や自己理解も不可欠です。スキル習得には、実践を積み重ねながら、そのつど振り返り、周囲の反応からも学んでいく貪欲さが必要であり、時間もかかります。また、より良い実践を継続していくには、心身ともに健康を維持するためのセルフケアも大切です。

第**7**章

メンバーたちへのインタビュー

　　最後に全国こども福祉センターのメンバー6名のインタビュー
を掲載します。このインタビューはバイアス（偏り）が生じない
ように、全国こども福祉センターの理事長である著者は同席し
ていません。また、18歳未満のメンバーについては、プライバ
シーに配慮して匿名にしました。個人が特定されないよう、家
族構成なども一部、変更しています。

「中学生のときに出会いたかったなって、思ってます」

大学生　黒川みづきさん（女性、23歳）

Q. 全国こども福祉センターの活動に参加するようになったのは、いつ、どのようなきっかけですか？

　きっかけは大学に入学したときです。大学の入学式の日って、新入生を勧誘するためにクラブやサークルの人がたくさん集まるでしょ。わたしもいろいろ誘われたんですが、そのなかで全国こども福祉センターが配っていたチラシに「子ども×スポーツ」って大きく書いてあって、「あっ、これだ！」って飛びつきました。

　わたしは小さいときからスポーツが好きで、ずっとバレーボールをしてきました。で、大学に入ってどうしようかな？と考えていたところでした。それに養護教諭になりたくて大学に進んだので、「子ども×スポーツ」はちょうどいいかなあと思って。

　最初はここの新入生歓迎会に参加して、そのあとミーティングだったかな。あんまり覚えてないけど、街頭に出たり、スポーツしたり、気がつけばもう3年近く（笑）。

Q. 3年近く続いている理由は何でしょうか？

　関西から名古屋に出て来て友だちがいなかったから、というのは大きいです。ホームシックだったんだと思います。それにわたし、高校を卒業

194

してからしばらくフリーターをしてて、そのあと予備校に行って、人より２年遅れて大学に入ったので、まわりがみんな年下なんですよ。同い年の子がいないのがすっごい不安で、大学と違って同い年が多い全国こども福祉センターは安心できる場所になりました。あと、わたしより先に来ていたメンバーの一人から「あんたみたいな子、探してた！　来てくれて助かった！」って、ずいぶん持ち上げられて。そんなに言うってぐらい言われると、なんかうれしいですよね。

　アウトリーチ研修で初めて荒井さんの話を聞いたのも大きかったです。わたし、中学から高校にかけて非行してたので、荒井さんの話に出てくる子どものことがメッチャわかりました。中学生のときに、この人に出会ってたら何か変わってたかなと思いました。予備校行ってたときもバッカみたいに遊んでたので、そのときに会ってたら変わってたかもと思います。それでだんだん繁華街のアウトリーチで出会った子どもたちとも仲良くなって、離れるに離れられなくなってしまいました。

Q. 荒井さんの話で「わかるわあ」と思ったことは、どんなことですか？

　う～ん、どんな話やったかなあ（笑）。でも、ヤンチャな子どものことをこんなに理解して、考えてくれる人がおるんや、と感動したことはすっごくよく覚えてます。

　わたしは中３になって部活がなくなったころから、友だちの家に入り浸りで夜通し遊んでばっかでした。家にもあんまり帰ってなくて。反抗期だったのと、そのときの友だちがそんな子らだったので、流されたんでしょうね。学校にも行かなくなりました。先生に呼び出されても、給食を食べてすぐに帰るか、保健室でダラダラ過ごすか。母親とも顔を合わすた

びに、ケンカばっかり。大人というだけで、みんな大嫌いだったし（笑）。

　一人になると、こんなことしてたらアカンと落ち込むんですけどね。でも、その友だちと一緒にいると、そのときは楽しいし、すごく楽だし、抜けられませんでした。だから、まわりからは「なんや、あいつら」と白い目で見られてました。荒井さんはそんな側の子どものことをちゃんと見てくれてるんです。

　そういえば、高１のときの担任はいい先生でした。中学の流れで高校に入ってからもあまり学校に行かんかったけど、その先生は親身になってくれて話を聴いてくれて。それで高２からちゃんと学校に行くようになりました。やっぱり、身近に理解してくれる人がいるかどうかで全然、違ってきますね。

Q. 全国こども福祉センターの活動は、繁華街活動やスポーツイベント、ミーティングなどいろいろですが、何が一番おもしろいですか？

　活動がおもしろいというより、ここのメンバーや子どもらと会ってしゃべってるのが楽しいです。だから、活動以外でも、普段から連絡は取り合ってます。ほかのメンバーが何をおもしろいと思っているかは、また違うと思います。それぞれでしょうね。でも、わたしはみんなとおしゃべりできるのがいいです。

　いままで出会ってきた子たちと年の差もまったく感じてません。16歳の子もいますが、言われて初めて、そういえば７歳も違うんやって驚くぐらいです。友達に近い感覚で関わることができるのは、学生の特権かなって思います。やっぱ大人って警戒しません？（笑）　わたしはめっちゃ大人が嫌いやったんで、いまこうして関わることができるうちに、仲良くしても

らえているうちに関係性を築きたいなって。でも、一人の子とばかり仲良くなりすぎて、ほかの子よりも優先的になるのは良くないと思うので、「一番の仲良し」は極力つくらないようにしています。

　トラブルがないこともないですが、トラブっている二人の話を聞いて、「はいはいはい、おしまい」ってぐらい。来るのがイヤになるほど面倒なことはないですね。関わっている子たちの成長を見守り、そのサポートをする必要があると思ってるんですけど、だからといってアドバイスとか答えをあげすぎるのは良くないと思っていて。わたしにとって、そのトラブルの答えはそれでも、その子たちにしたら違うかもしれないし。ていうか、答えなんかないと思うし。自分で、何でこうなったか、何がいけなかったか、どうしたらいいか、っていうのを考えて解決して、自分のこれから生きていく力にしてもらえたらな、って思います。喧嘩上等、ですよ（笑）。ケンカして学んだらいいと思います。それで何かあった時のサポート、ケアをわたしたちがしていく必要があるかなって。

　でもやっぱり、みんな成長して、卒業、というかどんどん来る回数減るんですよね、やっぱり。自分で自分の居場所見つけて、そこで楽しくやってくれるのが一番なんで、すごいうれしいことなんですけど、たまにさみしくなります（笑）。

Q. 活動を続けてきたことで、3年前の自分と比べて、生活態度だとか、考え方だとか、何か変わったことはありますか？

　あんまり変わってないかも（笑）。あきらめがついたことかな（笑）。そんなにがんばらんでいいんやと思えるようになりました。いいか悪いか、わからないですけどね。

あと、自分の発言にすごい気をつけるようになりました。誰に対しても。自分の言葉一つで人の人生変えるかもしれん、って思ったらすっごい怖くなって。でもそのおかげで、発言に対しての責任感はすごい出てきたかな。わたしの考えが絶対正しいって、そんなおこがましいこと言えんし、そんなことはないと思っているからこそ、いまこうしてしゃべっている子に考えてもらって、その考えた答えで行動してもらえるように。自分で考える、ってすごい難しいかもしれんけど、やっぱりそれが一番大事やと思うし、それで失敗したなら、人のせいにすることなく、また自分の考えを改めて、自分と向き合うきっかけになるかな、とも思うんで。

　やから、そんなめっちゃ変わったことはない（笑）。

Q. これからの全国こども福祉センターは、どうなっていけばいいと思いますか?

　何かあった時にふらっと立ち寄ってもらえる場所になったらいいかな、って思います。そのときに、その子たちの成長がみれたら、やってきてよかったなぁって思います。

　それで、こうして関わってきた子が昔の自分みたいな子に出会ったときに、それなりの対応ができるだけの成長をしてくれていたらいいなと思います。

　あと、アウトリーチの必要性をみんなに知ってもらえたらいいなと思っています。それのきっかけとして、団体に関わってアウトリーチをきちんと知ってもらい周囲に広めていってもらえたらと思います。

　やっぱりいま関わっている子が幸せに笑ってくれてたらいいかなぁ。それだけでわたしはいいかなぁって思う。

「高校生活では得られない、
気づきがたくさんあります」

高校生　Aくん（男性、17歳）

Q. 全国こども福祉センターの活動に参加するようになったのは、いつ、どのようなきっかけですか？

　自分は小学3年のときに児童養護施設に入所して、それからずっと施設で暮らしてきました。いまもそこから高校に通っています。

　その関係で、全国こども福祉センターの活動をしている親しい人がいて、ここのことは中学のころからある程度、知ってました。荒井さんとお会いしたことはなかったですけど、話には聞いていました。それで、高校にあがったときに参加してみようかなと思うようになりました。

　そう思ったのは、自分は人としゃべったり、関わったりするのが好きだからです。ここにくればいろんな人に出会えるんじゃないかと、ずっと興味を持っていました。少しグズグズしていたので、実際に参加したのは今年の2月、高1の3学期のときです。もうじき1年になります。

Q. 全国こども福祉センターの活動は、繁華街活動やスポーツイベント、ミーティングなどいろいろですが、何が一番おもしろいですか？

　どれも楽しいですね。全部一番です（笑）。スポーツだとか、体を動かすことも好きだし。今日もこのあと、フットサルなんですよ。

　それに、さっきしゃべるのが好きだといいましたけど、繁華街ではまっ

たく知らない人と話ができるじゃないですか。ティッシュを渡しながら「こんな活動してます」って声をかけて、「きみ何年生なの?」だとか「何やってるの?」だとか返ってくれば、そこから話が始まります。声をかけた相手が立ち止まってくれて、話とかしているときが一番楽しいですね。

ただ、知らない人に声かけるって、メチャクチャ勇気いりますよ。人の心に介入するわけでしょ、いきなり。ティッシュ配りのバイトだったら機械的に渡せばいいだけだけど、うちの活動はティッシュを渡すにしても、相手に働きかけることになるし、じゃまじゃないかなとか、印象悪くないかなとか、すごく気になります。

ただ、繁華街の活動は、声かけだけじゃありません。看板を持ったり、募金箱を持ったり、いろんな役割があって固定化してません。正直言って、ほかのメンバーに声かけてもらって、自分はあとからそこに混じるほうが多いかな。でも役割が何であっても、みんな着ぐるみを着ています。ガチャピンだとか、ディズニーのキャラクター、ピカチュウ、ドラミちゃんだとか。別に誰がどの着ぐるみを着るかは決まってないので、昨日、自分はティガーでした。

Q. つまり、1年近くずっと活動を続けているのは、繁華街で知らない人と話ができるのが楽しいからですか?

それもあります。でも、実際は声をかけても断られることがほとんどです。けっこうこっちを見てくれてるから、ティッシュを渡そうと思って近づくと「あっ、いらないです」って、そっけなく言われることもあって。それが続くと心が折れちゃいますね。そんなときでも、ここのメンバーとしゃ

べると、気持ちは回復します。だから、活動が続いているのは、みんなとの交流が楽しいことも大きいと思います。

　自分は高校生だけど、メンバーには大学生が多いんですよ。たまに卒業した社会人も来てくれます。普通の学校生活を送ってるだけだったら、出会わなかっただろうな、という人たちがここにはたくさんいます。

　それに、高校生だからといって半人前に扱われることはありません。高校生も大学生も同じ立場。高校生はどちらかというと、繁華街で声をかけられる側の年齢だけど、かける側とかけられる側の区別もありません。

　年が違うと小さいときに流行ったものとかも違うので、知らない話が聞けておもしろいですね。

　それに自分は絵を描いたり、観たりすることが好きなんですよ。最近はちょっと自信がなくなって、あんまり描く気が起こらないんですけどね（笑）。それでも同じ趣味のメンバーとなら話が盛り上がるし、逆に全然知らない趣味だったら、へえーすごいなって思うじゃないですか。

　学校も楽しいけど、同じ年の子、同じクラスの子とばかりとしゃべることになるでしょ。ここにくれば、いろんな種類の人がいるので刺激的ですね。

Q. Aくんはいま児童養護施設で暮らしていますが、難しい面はありませんか?

　う〜ん、とくに難しい面はありません。全国こども福祉センターの活動に参加するようになったのは、なんか悩みがあったからかって聞かれることもありますが、さっきも言ったように、参加したのはいろんな人と出会えると思ったから。悩みは微塵もなかったです（笑）。でも、それは自分

が少し変わっていて、施設で暮らしている子は何らかの問題があるからで
しょ。だから、みんなそれぞれ大変な悩みを抱えているんじゃないかな。
自分は気にしないようにしているけど。

　うちの施設は夜9時が門限なんですよ。だから、土曜日のアウトリーチ
のときには、帰りが9時より遅くなることを事前に言っとく必要がありま
す。9時の門限を厳しいと思う人もいるかもしれないけど、施設にも責任
があるので、仕方がないことだと思ってます。自分らが問題起こすと、施
設が責められることになりますしね。

　そういえば、施設の子をここに誘ったこともありました。うまく説明で
きなかったからだと思うけど、「そんなとこ、行かねえよ」と言われて。そ
れから誘うのやめました（笑）。

　高校の友だちは名古屋の近くに一緒に来たとき、バドミントンやミー
ティングに誘って何度か連れてきたことはあります。

Q.1年近く活動を続けてきて、Aくん自身、何か変わったことはありますか?

　高校に通ってるだけだったら、知らないままだったことも知ることがで
きて、視野は広くなったと思います。変わったこととしたら、それが一番
かな。確かいまは、名古屋駅前で相席屋が客を引くのは条例で禁止され
るようになったと思いますけど、少し前なら、自分らの活動のすぐ近くで、
同じように相席屋の人が通りすがりの人に声をかけてるんですよね。ふ〜
ん、こんな世界があるんだと思いました。

　自分は大人の人から「高校生の割にしっかりしてるな」ってよく言われる
んですけど、全然そんなことなくて。しっかりしているように見せているだ
けなんですよ、ホントは（笑）。でもそんな自分も、自然といろいろ考える

ようになりました。街中を歩いているときも、「この子は何歳ぐらいなんだろう」だとか、「この子、大丈夫だろうか」「自分に何ができるだろうか」だとか、いろいろ。しょせん高校生なので、結局ほとんど何もできないんですけど、それでもやっぱ考えちゃいますね。

　SNSを見てて自殺の話題が気になったりするのも、全国こども福祉センターに来るようになってからです。以前はそんなこと何も考えなかったですから。

Q. 高校を卒業しても活動は続けますか？　これから全国こども福祉センターは、どうしていかなければならないと思いますか？

　児童養護施設にいられるのは原則、18歳までです。自分も残り1年少しで出ていかなければなりません。高校を卒業したら、働きたい気持ちもちょっとはあるんですが、でも大学に進学します。ここの活動は、もちろん続けるつもりです。楽しいからだけじゃなくって、やっぱ意義あることをやってると思うので、少しでも力になりたいですからね。

　代表の荒井さんは社会人ですけど、実際に活動しているメンバーはほとんど学生ばかりでしょ。自分のような高校生もいるんですよ。なかなかすごいことだと思いません？　学生だけで駅前に立って、こんな活動している団体って、全国にそんなにはないと思います。ただ、まだあんまり知られていないんですよね。

　それは、どんな活動をしているか説明が足りないからだと思います。説明するのは難しいですしね。自分も初めは全然わかってなくて。活動をしながら、荒井さんから話を聞いたり、荒井さんが人に説明するのを横で聞いたりして、だんだん、子どもにとって全国こども福祉センターのような場

が必要なんだって思うようになりました。

　ホントは自分ら学生が荒井さんみたいに上手に説明できるようにならないとダメなんですけどね。繁華街でも何でこんな活動をやってるか、ちゃんと伝えないと、着ぐるみ着てる怪しい集団で終わっちゃうじゃないですか（笑）。フットサルやバドミントンに誘うにしても、スポーツクラブじゃないから、ちゃんとその意義を説明できないといけないし。

　自分もSNSなんかで宣伝しているけど、影響力が小さいから、まわりから見れば「独り言」に見えるんじゃないかな。そこが悲しいですね。

　それでも、自分が参加する以前から毎週、土曜日にずっと名古屋駅前で活動を続けてきたでしょ。だから、「またやってるよ、こいつら」って、だいぶん認知されてきたとも思います。自分らがそれを引き継ぎながら、これからもっと上手に発信していきたいですね。

「支援する側・される側のない関係に
最初、驚きました」

学童保育所勤務　伊藤ひかりさん（女性、23歳）

Q. 全国こども福祉センターの活動に参加するようになったのは、いつ、どのようなきっかけですか？

参加の動機は、胸を張って言えるようなことじゃないんですよね。わたしは今年の春、大学を卒業して学童保育所に就職したのですが、大学では社会福祉士の資格を取るために、社会福祉学科で学んでいました。大学2年の夏休みだから、いまから3年前になりますが、自分でボランティア団体をどこか一つ決めて、活動に参加して報告するという課題が出たんです。そこで何を学んで、実習にどう活かすのかを発表するというものでした。

それでわたし、ボランティア団体を探すために、ボランティア情報サイトの「ボラみみ」を調べて、見つけたのがここ全国こども福祉センターでした。「子どもと一緒にスポーツ」というようなことが書かれていて、「あっ、メッチャいいじゃん。ラッキー！」って軽い気持ちで参加しました。だから、高い志とか全然なかったんです（笑）。

最初に参加したのはフットサルでした。それはよかったんですが、繁華街でのアウトリーチではこっちから声をかけなければならないでしょう。そういうの苦手だから、「ええ、わたしもやるの〜」「自分にできるかなあ」って、躊躇はありました。着ぐるみも気が乗らなかったなあ。でも、大学の課題をやらなきゃならないから、初めのうちは、ちょっと腰の引け

た気持ちで繁華街に出ていました。

Q. そうした気持ちで始めた活動が、どうして３年以上も続くことになったのでしょうか？

　続いている一番大きな理由は、メンバーと親しくなって、大切な仲間だと思えるようになったことです。普段なら会うことのないような人とも出会えますしね。ここに来なかったら、ほかの大学の学生と親しくなる機会はあまりなかったと思うし、高校生と出会うことなんてもっとなかったと思います。

　それに以前はわたし、派手目のチャラチャラした感じの子がなんとなく苦手だったんですよ。打ち解けられそうにないから敬遠していたというか。そもそも、そういう子と会うこともなかったですしね。でも、繁華街ではそんな子とも出会うでしょう。しゃべってるうちに自然に仲良くなって、いつのまにか苦手だという思い込みもなくなってました。

　高校や大学のときの仲の良い友だちもいますけど、ここの仲間は一つのことを一緒に取り組んでいる点が、ちょっと違うところ。気がつくと自分の居場所になっていました。

　初めて参加してくれた子が、みんなと仲良くなっていく過程を見るのもうれしいですね。ボランティアで初めてきてくれた大学生の場合もあるし、繁華街で誘った子たちの場合もあるし、でも、どちらの場合も一緒です。とくにバドミントンはしゃべりながらできるので、初めて来て少し緊張していた子も、帰るころには仲良くなっている姿を見ると、よかったなあと思います。

　続いているもう一つの理由は、自分にとって必要と思ったからです。わ

たし、こう見えてすっごい人見知りなんです（大笑）。大学の発表のときもマイク持つだけで手が震えたほど。このままでは資格とって働いていく上で、絶対大変だと思っていました。

　でも、ここにくれば繁華街で声をかけなければならいでしょう。初めてスポーツに参加してくれた子にも話しかけなければならないし。これも大事な勉強だと思って続けました。

Q. 3年間続けていて、困ったことはありましたか？

　いろいろありますよ。メンバー同士の仲が悪くなると、困ったなあって、いつも思います。一人ひとりタイプは違うし、好き嫌いができるのは避けられないし、本人同士の問題なのでしょうがないんですけど、でも仲良くやってほしいですよね。だから、間に立って仲を取り持ったほうがいいのか、それとも先のことを考えれば、放っておいて本人たちが乗り越えるべきなのか、いつも葛藤します。たいてい見守ることになるんですけどね。

　個人的に困ったことは、わたしはあんまり LINE とか頻繁にやるタイプじゃないので、みんなの LINE の応答スピードについていけないことです。

　とくに繁華街で出会う子には、秒速が要求されることが多いですね。LINE を交換すると、速攻でメッセージがくることもあります。その後も、ひたすら返し続けないといけないのが、わたしにはキツイですね。２分ぐらい間が空いたため、「無視された」って離れていった子もいました。ただ、１回でも顔を合わせてゆっくりしゃべると、こっちのペースもわかってくれるんですけどね。

　あとは忙しくて、なかなか休めなかったことかなあ。ここの活動に打ち込むと、土曜はアウトリーチやスポーツがあるでしょう。日曜には研修が

あって、木曜と水曜がミーティング。その間もメンバー間でしょっちゅう連絡を取り合っています。もちろん、本業の大学での授業や実習もあるし、アルバイトもしていたので、ものすごく忙しかったですね。

　ただ、どうにも疲れてモチベーションがあがらないときは、仲間にはゴメン！と思いながら、適当に休んで息抜きはしていました。3年以上続いているのは、たまに息抜きできたことも大きいと思います。

Q. ところで、伊藤さんは、いつから社会福祉士をめざすようになったのですか？

　中学のころは、大切な親を将来、施設に入れたくないと思って、介護福祉士になろうと考えていました。親を施設に入れないことと、資格を取ることとは直接関係ないのにね。子どもの発想でした。それで、普通高校の福祉コースに進みました。

　そして、高校で学んでいるうちに、ソーシャルワーカーの仕事に魅力を感じるようになりました。介護福祉士として最期のときに寄り添うのも大事な仕事ですけど、高齢者だけでなくいろんな人に関わりたいと思うようになって。そこからですね、社会福祉士をめざすようになったのは。どちらにしても、人のためになる仕事をしたいという気持ちは一緒でした。小さいころから、好きだったおばあちゃんによく言われていたんですよ、「あんたは、そういう仕事が向いている」って（笑）。

　子どもに目が向くようになったのは、全国こども福祉センターに関わるようになってからです。ここにきていなかったら、いまの学童保育の仕事には就いていなかったかもしれません。

Q. 全国こども福祉センターも、名前にあるように児童福祉に取り組んでいるわけですが、大学で学んでいる福祉との違いはありますか？

　全然違います。大学で勉強している福祉のほうがスタンダードだと思いますが、クライアントがいて、その人の問題をどうやって解決するのか、そのためにどのようにアプローチして、その人をどのように変えていくのか、という相手に働きかけるスタンスでしょう。全国こども福祉センターのスタンスは、それとはまったく違っていて、クライアントの問題から出発するわけではありません。そもそもクライアントという発想がないんです。

　確かに、わたしはボランティアとして声をかける側だし、わたしの前には声をかけられる側の子どもたちがいます。でも、そうした子どもたちも、その後、声をかける側に回ることもあるし、誰かが誰かを支援しているというような関係ではないんですよね。だって、誰だって多かれ少なかれ問題や悩みを抱えているでしょう。だから、一緒に活動する中で一人ひとりが自分の問題に気づいて、向き合っていくべきだというのが、全国こども福祉センターの考え方です。わたしは活動をとおして、荒井さんから支援する側とされる側のないフラットな関係が大切であることを学びました。

　最初は勉強している福祉とまったく違うので、「へえー、こんな見方もあるんだ」と驚きました。でもよく考えると、自分が中学生や高校生だったとしたら、確かに「支援される側」になるのってすごくイヤだなあと気づいて。「勝手に問題視しないで」って言いたくなると思いません？　支援する側とされる側のない環境で、子どもたちが、そしてわたしたちも含めて、自分自身で課題を見つけて取り組むのがいいなあと、いまは思っています。

　ただ、実際にできているかどうかを問われると自信がないです。わたしのほうが勝手に、ここがこの子の問題だと決めつけて、関わっていること

もあると思います。気づける環境をつくることのほうが大事なのに、上から「それはダメだよ」って言っちゃっているかも。難しいですね。

Q. 伊藤さん自身は、3年以上活動してきて、どう変わったと思いますか？

　人見知りがマシになって、少し厚かましくなったかな（笑）。それと、いろんなタイプのメンバーが同じほうを向いて一緒に活動しなければならないので、メンバーの中に混じるだけでなく、ときどき一歩引いて全体を客観的に見る力はついたように思います。

　あとは、自分自身と向き合えるようになったこと。自分のできていないこと、自分の問題点に気づかされました。社会人になって、参加する機会は減りましたが、いまでもここにくれば、気づくことは多いですよ。「あんな言い方じゃあ、伝わらないよね」とか「そういえば、以前は自分もこうだったかなあ」とか。

　こういう気づきは仲間や子どもと関わることで生まれるんですよね。わたしもここの活動で学んだことがいっぱいあるので、結局、お互い様だと思います。だから、支援する側とされる側に分けられないというのは決して理屈じゃなくって、わたしたちの実体験なんです。

「家に帰りたくなかったころの、 わたしの居場所でした」

飲食店のアルバイト　Bさん（女性、16歳）

Q. 全国こども福祉センターの活動に参加するようになったのは、いつ、 どのようなきっかけですか？

　中1のときです。友だちと二人で遊びに行った帰りに、プリクラ撮ろう と名古屋駅で降りたんですよ。駅前のビックカメラに撮れるとこあるから。 それで歩いてたら、ひかりんに声かけられたんです。あ、ここのメンバー の伊藤ひかりさんのことです（笑）。

　友だちのほうが、えらいテンション高くて、じゃあ、ちょっと寄って こうかってなって。「うん」って、わたしはつきあっただけなんだけど、 ひかりんのいるところに混じりました。それが最初。

　そのときは、なんかノリで着ぐるみも着て。いま思うと「よく着るな あ」って感じだけど、中1のときでしょ。だから、12歳。若いって怖い なって思う。いまも若いですけど（笑）。帰るときに、ひかりんにまた来 てねって言われて、来るようになりました。

Q. それからずっと続けて参加するようになったのは、なぜですか？　活 動がおもしろかったからですか？

　そのころ、家にいたくなかったんですよ。うちの家、わたしが小学生の 高学年になったころから、お父さんとお母さんが離婚するかもという話に

なって。お父さんがお母さんのことを殴ったりしてたので、それを見るの
もイヤで、家にいたくなかったんです。結局、離婚したんですけどね、わ
たしが中学生にあがってから。それからお母さんと暮らすようになったん
だけど、離婚してすぐは会話もないし、家にいても楽しくないし。じゃあ、
ここに来ればいいやって思って。

　ここに来れば、ひかりんやみづきとかがいるでしょ。それで、しょっ
ちゅう来るようになりました。中学生だったので、交通費は痛かったです
けどね。

　繁華街の活動も中学のときは毎週、来てました。キティちゃんだとか、
ミニオンの着ぐるみを着て。でも、声かけは苦手。わたしよりあとから来
た子のほうがうまくて、ちょっとわたし、ダメだなと思ってました。がん
ばって声をかけても、向こうの顔が引きつってるのを見ると、ゴメンナサ
イって感じ。だから、たいてい募金箱もって声を出してました。日によって
違うけど、募金してくれる優しい人もいますよ。

　あと、バドミントンとフットサルも。ミーティングにも大学生に交じって
毎週、参加していました。最近は、あんまり来てないんですけどね。

**Q. 全国こども福祉センターは大学生が中心ですが、当時 12 歳だった B
　 さんでも無理なく仲間に入れましたか?**

　わたし、同じ年だとか、年下の子が苦手なんですよ。年上でも1こか、
2こぐらい上ではダメ。最初はしゃべってて楽しいですけどね。でもすぐ
に、わたしからしたら、それ違うくないって思っちゃうんです。で、うっと
うしくなってイライラしちゃう(笑)。向こうは正しいと思ってるんだろうけ
ど、わたしからしたら、ちゃうやんってことが多くて。じゃあ、もういい

やって。

　だから、ひか̇り̇ん̇とかみ̇づ̇き̇ぐらい年上の人でないと絡めないんです。そのほうが話は合うし、対等に扱ってくれるし。学校のことグチったり、「これからどうしようかな」とか話ができて、わたし的にはここが居心地がいいんです。

　でも、よく考えてみると、ひか̇り̇ん̇やみ̇づ̇き̇とは７つも離れてるんですよね。そんな感覚はないんですけど、小学校もかぶってないから驚きです。たまに気づいて、わたしメッチャ「タメ」じゃない、ゴメンナサイって感じかな（笑）。

Q. 最近はあまり来なくなったと言いましたけど、なぜ来なくなったのですか？

　いまね、毎日バイトがあるから、忙しくて来る時間がないんですよ。飲食店でのアルバイトです。

　わたし、中学卒業してから高校の福祉科に行ったんです。もともと介護の仕事に就きたくて、それで資格の取れる福祉科を選びました。資格を取って、一人暮らししたいなあって思ってました。

　いまのバイトを始めたのは１年の中間試験が終わったあと。試験で赤点がなければバイトしていいよって、お母さんと約束してたので、始めました。でも同じころ、学校で変なゴタゴタに巻き込まれて、はぶられたり、すごいめんどくさいことがあったんですよ。しんどくなって、もう行かなくっていいやってなっちゃって。で、お母さんにも相談して、学校を休むことにしたんです。でも、実習もしないから留年することになって、結局、高校は辞めてずっとバイトするようになりました。バイトがなければ、こ

こにも来たいんですけどね。

　もう学校はしんどいし、介護の仕事をする夢もなくなって、とにかくいまはお金を稼ぎたいです。お母さんとは親子というより友だちみたいな感覚で、お互い自由にやってます。

　18歳ぐらいには家を出て一人暮らしをしたいと、いまも思っています。

Q. ここにまた戻るようになったとしたら、どういうことがしたいですか？ もっとこうしたらいいのにと思うことはありますか？

　繁華街の声かけ活動は名古屋駅前だけだけど、そこだけじゃなくて、ほかの場所でやってもいいんじゃないかなと思っています。たとえば、栄の駅前だとか。

　名古屋駅は高校生が多いんですけど、栄は近くに若い子がよく集まる大須の商店街があるから、高校生だけじゃなく中学生もいっぱいいます。みんなマセているからホントの年齢はわかりにくいんですけどね（笑）。わたしの場合も、たまたま名古屋駅前で声をかけられたけど、栄のほうによく行ってました。

　ただ、栄はヤンチャな子らが多いし、絡まれる可能性も高くなるかも。募金活動するのに許可がいったりする場所もあるので、荒井さんはそこまで考えて名古屋駅前にしてるのかもしれません。

　わたしは家に居たくなかった時期にここと出会えたので、こんなふうに助けてもらって、いまは幸せに過ごせているでしょ。ここに出会えていなかったら、行くとこなくて、だいぶしんどかったと思うんですよ。だから、今度は自分がほかの人に同じようにできたらいいなと思ってます。

「自己満足に終わらないために、評価軸が必要では？」

大学生　清水ゆり子さん（女性、21歳）

Q. 全国こども福祉センターの活動に参加するようになったのは、いつ、どのようなきっかけですか？

　わたしは大学3年の夏、ここの繁華街の活動にネットから申し込みました。その前からボランティア団体のことをネットで調べていて、全国こども福祉センターのことは見つけていたんですが、参加したのはこのときが初めてです。

　大学では授業だけでなく、卒業までにサークルとか別のことをしたいと思っていたんですけど、なかなか何もできなくて。4年になって就活が始まると、もっと時間がなくなってしまうので、いましかないと思って参加しました。

　大学は情報系の学部なので、福祉とは関係ありません。でも、高校のときには福祉系に進もうと思ったこともあって、もともと興味はあったんです。それで子どもに関わるボランティアを探したんですけど、たいていは学習支援なんかで、ちょっと変わった感じの全国こども福祉センターに目がとまりました。声かけしたり、着ぐるみを着たりするのもおもしろそうだな、と思って申し込みました。

　それから、もともとちょっと母と相性が良くないと感じていたんですけど、一度だけ大きめのケンカをしたことがあって、それも始めるきっかけになったと思います。そのときから、こんなちょっとケンカしただけでも

家にいづらいのに、ずっと家にいづらい子とか、どれだけ大変だろうなと考えるようになりました。あと、ちょうど20歳が目の前に迫っていて、大人になるんだったら子どものためになることがしたいなあと、そんないろんなタイミングが重なってのことでした。

Q. 繁華街の活動で、清水さんは主にどんなことをしているのですか?

　初めて参加した繁華街でのアウトリーチでは、いきなり声かけはできなかったので、募金箱を持っていました。でも、女の子に声をかけるのは、同じ女の子のほうが警戒心を持たれないので、しばらくしてから声かけに回るようになりました。「よかったらどうぞ」ってティッシュを渡して、反応が良ければ「高校生なの?」とか話しかけています。ただ、男の子が声をかけたほうがいい女の子もいるので、誰が声をかけるか、様子を見ながら決めています。

　声かけに応じてくれた子は、活動の輪に誘い入れるんですけど、男の子ばかりの集団より、女の子の多い集団のほうが、そのあと子どもを集めやすいので、女の子に優先的に声をかけています。

　そうですね、酔っ払いのおじさんがめんどうですね(笑)。わたしたち、着ぐるみを着て目立っているので、おもしろい団体だと思うんでしょうね。ニコニコと近づいてきて、「なんだ」って離れていく人もいます。普通にしゃべりたいだけなんだな、という人もいるし。ごくたま〜に、絡まれることもありますけど、大きなトラブルにはならず、基本的に自分たちで対応しています。

Q. 3年の夏に初めて参加したということは、いまで1年と数か月になりますが、活動を続けている理由は何ですか?

　最初来たときは、やる以上は、最低1か月は続けようと決めていました。で、続けているうちにメンバーとも親しくなって、おもしろくなってきたから続けています。繁華街でのアウトリーチもスポーツも何でも同じですが、メンバーとしゃべりながら、一緒に一つのことをするのは楽しいですね。

　大学4年生になったとき、いつも集まる現役のメンバーで一番年上になったので、中心になって運営を任されるようになりました。それからは簡単には抜けられないと思って、がんばっています。なかなか思いどおりにいかないので、しんどいときもありますけどね。

　別に年の順で中心メンバーを決めているわけではありません。ボランティアに応募してきた子か、繁華街で声をかけられて参加してきた子か、参加してきた経緯は関係ないし、大学生か高校生かも関係ありません。運営側に立つタイプなのか、参加するだけのタイプなのかの違いがあるぐらいかな。でも、わたしの場合は年上だということもあって、なんとなく運営を任されるようになりました。

Q. 全国こども福祉センターの活動に参加する前といまとでは、清水さん自身に何か変わったことはありますか?

　わたしのまわりにはそれまで、家に居られない子や、通信制の学校に通っている子はリアルにいなかったんですが、話としては知っていたので、なんとなく可哀想だなと思っていました。ここのボランティアを始めたと

きも、そんな気持ちだったと思います、いま振り返ると。

　でも、普通にしゃべってて、あとから「あの子、家がゴタゴタしてんだよ」って聞いて、「へえ、そうなんだ」と意外に感じることも多かったので、心のどこかでわたしの世界とは違う世界だと思っていたことは、間違いだって気づくようになりました。可哀想なんて勝手に思うのも変ですよね。

　ちょっと大げさかもしれないけど、多様な人に出会えたことが良かったと思っています。ここにこなければ、気づかないまま、考え方も変わらないままだったと思います。

Q. 清水さんはもうすぐ卒業ですが、働き出すとあまり参加できなくなりますね。

　そうですね、わたしは来年の春に卒業して就職するので、いまみたいにしょっちゅう来れなくなります。なので、それまでの間に、活動をうまく回すための仕組みや段取りをちゃんとつくって、引き継がなければって思っているんですけど、あまり進んでいません。実際、一緒に活動しないと、説明しただけではわからないし、どうすればいいでしょうね。

　ここの昔の写真を見ると、盛り上げるのが好きそうな子がたくさん写ってるんですよ。それを見ると、時代が少し変わった感じがします。最近は、いかにもヤンキー、いかにもギャルという子はあまり見かけません。割とおとなしそうな子が多くて、みんなで盛り上がるというより、一対一で静かに向き合っているほうが似合っているように思います。だから、やり方も変える時期にきているのかな、と思ったりもします。

Q. 全国こども福祉センターの活動はもっとこうしたほうがいいと思うこと、あるいは、今後の課題は何かありますか?

　ここがちゃんとした団体であり続けるために、自己満足に陥ったらダメなんですが、外からの評価を気にしすぎてもダメだと思うんですよね。気にしすぎるというより、評価軸が曖昧で、気を緩めて楽しめばいいことと、意識して取り組むところのメリハリがきいていないので、なんとなくいつも評価を気にしているといったほうが正確かもしれません。

　困りごとを抱えた児童を支援する団体じゃないので、何人支援しているだとか、数字で評価するのはなかなか難しいと感じています。じゃあ、数字ではない何が評価軸なのかって考えると、答えは簡単に出ないんですよ。

　そういうことも、自分たちで話し合って決めないといけないんですけど、最近のミーティングではあまり議論ができていなくて。みんなで話し合って一つの方向性を出すということをこれまで経験してないので、どう進めればいいか戸惑っています。

　あ、ミーティングといっても、いつも話し合ってるわけじゃないんですよ。集まったメンバーや子どもたちが一緒に食事する、子ども食堂のようなときもあるし、今日は久しぶりに〇〇ちゃんが来たから遊ぼうだとか、マスコミの取材が入ることもたまにありますしね。卒業するまでに一度はきちんと話し合う必要はありそうです。もちろん、これまでもときどき社会人の人がきてくれているので、働き出してからもたまに顔を出したいなと思っています。

「福祉という言葉をイメージチェンジ
　していきたい」

大学生　滝澤ジェロムくん（男性、19歳）

Q. 全国こども福祉センターの活動に参加するようになったのは、いつ、どのようなきっかけですか？

　全国こども福祉センターと出会ったのは、いまから４年前の中学３年のときです。

　自分は家の事情で、小学４年のときから18歳になるまで、児童養護施設で暮らしていました。中学３年のときに名古屋で虐待防止世界大会が開催されて、自分は児童養護施設で暮らす子どもの代表として参加したんですよ。普通は高校生が選ばれるらしいのですが、そのとき保育士になりたいという夢を持っていて、それを知っていた施設長が参加してみないかと勧めてくれました。その会場で全国こども福祉センターの当時のメンバーに出会って、来ないかと誘われたんです。

　そのときは中学生だったので、高校に上がったら顔を出しますと約束して、実際、高校から活動に参加するようになりました。

　初めて参加してみて、同世代の大学生や高校生が活動していることにびっくりしました。すごいなあと思いましたね。正直、「繁華街で子どもに声をかけて意味あるのかな？」だとか「何で着ぐるみ着るんだ？」（笑）だとか思いましたが、やってるうちにおもしろくなってきて。着ぐるみを着てると、警戒心も少なくなるし、いじってもらえるし、だんだん活動の意味もわかるようになりました。

Q. 滝澤くんは児童養護施設で育ったのですね。当時、保育士になろうと夢見ていたのは、そのことが影響しているのですか?

　はい、児童養護施設で暮らすなかで、保育士になりたいと思うようになりました。さっき小学4年のときに入所したと言いましたが、自分には親はいるんですよ。でも、同じ施設には、親がいない子や虐待されている子もいました。そんな問題を抱えた子のことを、施設の職員が親身になって支えている姿を見て、自分も大きくなったらこんな仕事をしたいなあと思うようになったんです。将来は子どもたちの成長に関わりたいと考えるようになって、いきついたのが保育士でした。

　児童養護施設といえば、おそらく世間的には閉鎖的で管理的なイメージが強いと思うんですよね。でも、当事者である自分は、そう感じたことはありません。児童養護施設にいると言えば、「大変ね」という目で見られることもあるんですけど、実際にはそうでもありません。最近、よく話題になる児童相談所のことも、自分は施設にいた関係で小学生のころから知ってますが、多くの人が思っているほど暗いイメージじゃありませんよ。だから、児童養護施設や児童相談所のような支援施設をイメージチェンジして、ありのままの姿を伝えていきたいと、最近は思っています。

　高校を卒業してから大学に進学したので、いまは児童養護施設を退所して、大学の近くで下宿しています。学部は社会福祉学部です。社会福祉士の資格取得をめざしています。大学を出れば、児童福祉や青少年の分野で子どもを相手にしたソーシャルワーカーになりたいと思っています。

Q. 高校に入学したときから活動を始めて、いま大学の1年生なので、4年近くになりますが、活動を続けている理由は何でしょうか?

初めてバドミントンに参加したときのことをいまでもよく覚えているんですけど、なんとなく雰囲気が重たく感じました。自分はスポーツが好きで、中学、高校と部活をやってたんですが、普通の部活とはちょっと違う雰囲気だったんですよ。当時の全国こども福祉センターは、いまより問題を抱えていた子どもが多かったからだと思いますが、子ども同士しゃべってる話もなんとなく重たい内容でした。自分が施設で暮らしていたから、とくに敏感だったのかもしれません。

　だんだん親しくなって、子どもたちとゆっくり話をするようになると、自分のいる施設の子と境遇の似ている子がいるのがわかりました。生活に困っている子もいて、支援の手が届いていないと感じました。そういうこともあって、全国こども福祉センターは自分にとって視野を広げることのできる場所だと思うようになったんです。社会に出てから福祉の仕事の担い手になったときに、資格を持ってるだけでなく、ここでの活動の経験は将来、役に立つだろうというモチベーションで、活動を続けています。

　繁華街でのアウトリーチでは最初、募金箱を持ってたんですが、高校2年のときから声かけを始めました。通行している大人や子ども、それに支援の届いていない子どもたちに、自分らのような若い世代がこういう活動をやっていることを知ってもらうだけでも意義があると思っています。

Q. 初めて参加した4年前といまとを比べて、全国こども福祉センターの活動で変化したところはありますか?

　基本は変わりません。荒井さんもほかのメンバーも言ってると思いますけど、自分らの活動では、支援する側とされる側という区別を意識していません。その基本はずっと一緒です。する側とされる側に二極化してしま

うと、押し付けになってしまうと思うんですよ。

　施設での生活にそれほど不満はなかったですが、支援される側からの矢印より、支援する側からの矢印ほうが、圧倒的に太いとは感じていました。子どもから意見を出しにくいんですよね。たとえば、仲の良い職員に「こんなことやっても無意味だよ」と言えば、その人は聞いてはくれるんですけど、そこまで止まり。

　それに二極化すると、はっきりと支援を求める人には支援が届くけど、そうでない人は制度の隙間に落っこちてしまいます。支援の手が届いていない子を見ると、そもそも「福祉」って何だろなと考えさせられます。正直言って「福祉」という言葉は「支援」のイメージがくっついてくるので、あんまり使いたくない。でも、使わないわけにはいかないので、言葉の持つイメージを変えていきたいですね。

　夢中になって、ちょっと話がそれました。そうそう、全国こども福祉センターの活動内容は基本的に変わりません。でも、４年間でまわりの環境は変わったので、たとえば、情報の発信の仕方などは変えてきました。アウトリーチは社会分析の意味もあるので、世の中の変化を取り入れて、自分たちも変化してく必要がありますから。

　そうですね、スマホが普及して、外で集まらなくても連絡を取り合えるようになって、子どもたちが以前ほど出歩かなくなったかもしれませんね。それに、いいか悪いかわかりませんが、最近はSNSが子どもたちの逃げ場になっているように思います。

Q. 滝澤くん自身は4年間ここに参加して、何か変わったことはありますか？

　もともと福祉に興味があったのが、ますますその気持ちが高まりまし

223

た。普通の高校生だったら、基本、学校の授業と部活だけでしょう。自分の場合は、ここがプラスアルファになりました。もちろん、バイトする高校生もいるので、それも社会経験だけど、目的を持って社会に関わるのは、またバイトとは違うと思います。

　いまも大学でインプットすることと、ここでインプットすることは違うので、もう一つの塾のような存在です。大学で学んだ福祉の基本をここで確かめて、ここで実践した経験を大学にフィードバックして。そんな流れができています。

　もう一つ変わったことは、学校のことだけでなく、いろんな世界に目が向くようになったことかなあ。「自分に何ができるだろうか?」「施設に入っている子にどうアプローチしていこうか?」と考える機会も増えました。

Q. 全国こども福祉センターの活動はもっとこうしたほうがいいと思うこと、あるいは、今後の課題は何かありますか?

　名古屋駅前で長年やってる割には、この活動を知ってる高校生は少ないんですよね。でも、高校生でもできる役割があるし、役割ができると所属意識も生まれるから、高校生にももっと呼びかけていきたいと思ってます。というか、もっと言えば、自分も大学生とはいえ未成年だし、未成年が中心の団体であるという特徴を打ち出していきたいです。

　ただ、自分らは荒井さんの考えを理解できているつもりですが、それを自分らの「ことば」で次に伝えていくことが十分できていません。参加してきた子のモチベーションを上げていくのも簡単ではないし。このあたりがこれからの課題でしょうか。

　自分はまだ大学1年なので先の話ですが、卒業して社会人になると、

あんまり来れなくなるから、ちょっともったいない気がします。とはいえ、活動の中心になる大学生や未成年の子どもたちが順に卒業して入れ替わるのは、全国こども福祉センターならではの特徴だし、ここに依存しないという意味では、とてもいいことだと思うんですよ。でも、過去の経験や失敗やそこから生まれた知恵は貴重ですから、いま以上に社会人のサポートがあってもいいかなあ。

　自分は先の話だと言いましたが、社会人になってから、この団体にどのように関わっていこうかと、いまから考えなければならないと思っています。働きながらも、自分がときどき戻れる場所にしていきたいですね。

おわりに／子ども家庭福祉への提言

　わたしは、大学教育や子育て支援に関する研修の講師以外にも、社会福祉や社会教育の実践者として、子ども・若者支援の現状や課題について講演することがあります。とくに援助機関などを利用できない（しない）子ども・若者の存在を伝え、アウトリーチの必要性や、地域住民が実践できる方法を紹介しています。

　過去の講演はたいへん好評である一方で、これまでの子ども家庭福祉の取り組みとは大きく異なるため、理解していただくのに時間がかかったり、実践するのは難しいとの意見をいただくこともありました。しかし、ここ２年ほどは講演参加者からの賛同や深い共感を手ごたえとして感じることが多くなりました。現場の実践者のなかにも、わたしと同じような問題意識が生まれているものと考えられます。

　本書の最後に、子ども家庭福祉への３つの提言をまとめました。

提言１／事後対応から事前対応への転換

　子ども・若者をめぐる壮絶な事件が発生するたび、マスコミによる報道や著名人による議論が重ねられています。政府は深刻な虐待事案に対応するため、二つの方針を打ち出しました。第一に、児童福祉司一人当たりの業務量を50ケース相当から40ケース相当となるよう、管轄地域の人口を4万人から3万人に見直すこと。第二に、里親養育と市町村の支援を目的とした児童福祉司を配置するため、2022年までに児童福祉司を増員することで

す（厚生労働省「児童虐待防止対策体制総合強化プラン（案）」2018年12月18日）。あわせて、子ども家庭福祉分野における新資格の創設の是非をめぐって、専門家の議論が活発化しています。

児童福祉司になるための任用資格は、以前は比較的緩かったのですが、2000年の児童虐待防止法施行に伴う児童福祉法の改正により、「社会福祉士」などの資格が必要になるなど、任用資格は厳しくなりました。しかし、**日本の「社会福祉士」は制度運用の専門家で、虐待対応のスペシャリストではありません。**また、社会福祉士の養成については、教育内容が見直され、2021年から新しいカリキュラムがスタートする予定ですが、子どもに関する科目は「児童・家庭福祉（30時間）」のみで、旧カリキュラムと変わりません（※27）。

一方、2003年から、虐待死亡事例の検証をしてきた「社会保障審議会児童部会児童虐待等要保護事例の検証に関する専門委員会」によると、虐待死のうち約半数がゼロ歳児、なかでもゼロ日児が19.1％であること、また、「地域社会との接触がほとんどない事例」が約4割であることが報告されています。さらに、子どもの虐待死などのリスクを防ぐための留意すべきポイントとして「関係機関からの連絡を拒否している」「転居を繰り返している」「予期しない妊娠／計画していない妊娠」「養育能力の不足等がある若年（10代）妊娠」が報告されています（※28）。

※27：厚生労働省 社会・援護局福祉基盤課 福祉人材確保対策室「社会福祉士養成課程における教育内容等の見直しについて」2019年6月28日発表
※28：厚生労働省子ども家庭局家庭福祉課「子ども虐待による死亡事例等の検証結果等について（第15次報告）のポイント（別添1）」2019年8月1日発表

同専門委員会による15年間にわたる検証結果をまとめると、①転居を繰り返し、地域社会と接触をしようとせず、関係機関からの連絡を拒否している状況と、②養育能力の足りない若年（10代）の予期しない妊娠が、児童虐待の主要な原因であることがわかります。①と②の問題は、はたして児童福祉司を2千人増員し、専門性を高めればクリアできるのでしょうか。

　これらは虐待の事後対応に力点を置いた政策であり、虐待を生まないようにするための政策ではありません。また、対象者が地域社会とのかかわりを避け、関係機関からの連絡も拒否していることを考えると、児童相談所や市町村だけでは解決できない問題といえます。したがって、**現行の法制度（強すぎる親権制度を含む）の枠内で支援内容を拡充するよりも、法制度自体の見直しがより重要な課題だと考えます。**

　また、10代の予期しない妊娠を防ごうとするならば、本人の価値観や考え方に直接働きかけていくことが不可欠です。そのためには、義務教育の早い段階、遅くとも小学校高学年の段階から性の知識や人生設計について学んでおく必要があります。

　いずれにしても、若年妊娠をする可能性のある子ども・若者を抜きにして、専門家だけでは解決できない問題といえるでしょう。本書で述べてきたとおり、問題の根本に迫るには、児童虐待が発生してから対応する専門家を増やすよりも、虐待を生まない教育と環境づくりが必要です。

提言2／専門職の養成課程の見直し

　本書で紹介してきたアウトリーチは、ソーシャルワーカー（社会福祉士）のスキルとして、また、ソーシャルワークの展開過程の一つとして、徐々に社会福祉分野のテキストで取り上げられるようになりました。しかし、具体的な実践事例や方法をていねいに説明しているテキストはまだありません。

　また、社会福祉士の主要な実務は、所属する機関の目的に沿って、現行の制度や援助機関につなげることとなっています。しかし、それでは一人ひとりの福祉の実現という理念には程遠く、エンパワメントすることはできません。危機に陥ってからの介入支援ではなく、予防的な機能を持つアウトリーチや予防教育の充実が欠かせないのです。

　わたしは、ソーシャルワークを担う社会福祉士や保育士などの養成教育を見直すことが必要だと考えています。具体的には、アウトリーチを一つの科目として創設することです。そして、身近な大人に援助を求めることができない子ども・若者や、福祉施設や援助機関などを利用しない子ども・若者の実態を把握するために、かれらの行動範囲や所属するコミュニティなど、不特定でインフォーマルな場での実習を採り入れることが不可欠です。

　本書を執筆している間にも、厚生労働省の管轄で「社会福祉士養成課程における教育内容等の見直しに関する作業チーム」が、新たな教育内容を発表しています。発表された内容を確認すると、これまでの科目名であった「（旧）相談援助」が「（新）ソーシャルワーク」に変更され、子どもに関する科目は「（旧）児童や家庭に対する支援と児童・家庭福祉制度」から「（新）児童・家庭福祉」に変更されています。いずれも現行の科目名にあった「援助」や「支援」という文言を除いたことは、大きく評価できるポイントです。

　また、保育士養成課程の見直しについての報告も厚生労働省から発表されています（2017年12月4日保育士養成課程検討会）。

　このほかにも検討すべきことが3点あります。

　1点目は、少子化問題をあげているにもかかわらず、次の子育て世代である「青少年」や「若者」を対象とする科目がないことです。子どもから若者への移行期の福祉を充実させなければ、少子化や児童虐待、孤立や貧困

などの問題の解決は遠のくばかりだといえるでしょう。

　2点目は、理念と福祉現場とのギャップです。養成課程では、子どもを主体とする崇高な理念を学びますが、福祉現場の実情と乖離していることも少なくありません。企業や社会福祉法人、NPOなどは収益性の見込める法定事業の枠内で福祉サービスを提供し、その結果、支援の対象者の偏りを生んでいます。そのため、こうした**支援の偏りを避け、機会の平等化を図る必要があります。**

　3点目は、「社会福祉士養成課程における教育内容等の見直しに関する作業チーム」や「保育士養成課程検討会」のワーキンググループなどの構成員の半数以上が大学教授で、保育やソーシャルワークの現場から遠く離れた人たちで構成されている点です。実際に現場で奮闘する実践者の意見を反映しながら、教育内容を創り上げていくことも重要ではないでしょうか。とくに、公的支援や現行制度ではカバーできない問題や、潜在的なニーズに対する実践事例も参考にしたいところです。

　潜在的なニーズを把握するには、生活場面から分離された施設内や面接室内での演習・実習だけでは明らかに不十分といえます。インターネット環境や交通インフラが整備され、子ども・若者の行動範囲や交友関係が広がりました。特定の地域に拠り所を持たない子ども・若者も増えています。**かれらの生活場面を想定して、実践的な学習をしなければ、「支援を求めることができない人たち」「援助機関を利用しない人たち」のニーズを把握することはできません。**

提言3／本人が実践できる環境の保障

　本書でも繰り返し強調してきた内容になりますが、子ども家庭福祉の充実には「子ども・若者本人が実践できる環境を保障すること」が必要です。

　子どもの権利の保障という理念だけでは抽象的で、具体的な方法論が十分に議論できていないように思えます。結果的に、子どもたちのいないところで、専門家や援助機関が主体となって環境整備が進められるという傾向が見受けられます。

　全国こども福祉センターには、児童養護施設出身者や障害のある児童、非行経験のある若者など、多様なバックグラウンドを抱えるメンバーがいます。かれらは、世間から「支援対象者」としてのまなざしを向けられ、保護や救済の対象として扱われることが少なくありませんでした。そうした子ども・若者が問題解決の主体として、また、アウトリーチの実践者として、活動を続けてきました。支援を求めることができない子どもたち、援助機関を利用しない子どもたちのニーズを把握するため、子ども・若者自身が社会活動に参加しているのです。全国こども福祉センターを設立してから今日まで、試行錯誤の連続でしたが、実践者としての経験はどこよりも多く積むことができました。**子ども・若者たち自身が実践者になることは、一方的に「福祉を提供される立場」から、「福祉を創りあげる立場」に転換することを意味します。**

　本書は、全国こども福祉センターの実践の途中経過をまとめたものに過ぎません。今後も引き続き、子ども・若者が実践者として経験と知見を積み上げていくでしょう。ご意見やご批判があれば、真摯に受け止め、内容を見直していきたいと考えています。

　2019 年 7 月

荒井和樹

著者

荒井和樹 (あらいかずき)

- NPO 法人全国こども福祉センター理事長
  (https://www.kodomoo.net/)
- 中京学院大学専任講師
- 保育士
- ソーシャルワーカー（社会福祉士）

北海道苫前郡出身。元児童養護施設職員。日本福祉大学大学院社会福祉学研究科修士課程修了 (社会福祉学) 修士。

施設職員として在職中、児童相談所や施設型支援に繋がらない子どもたちと出会う。子どもたちを支援や保護の受け手として迎えるのではなく、仲間として迎え、2012年に全国こども福祉センター設立、2013年に法人化する。子ども・若者とともに街中に交流の拠点を築き、約2万2千人に活動できる環境を提供。現在も同法人理事長を務めながら、共同体自治の実践を続けている。2021年から中京学院大学専任講師。

【改装版】

支援を前提としない新しい子ども家庭福祉
子ども・若者が創るアウトリーチ

2023年9月1日　初版第1刷発行

著者　　荒井和樹
発行者　岩本恵三
発行所　株式会社せせらぎ出版
　　　　https://www.seseragi-s.com
　　　　〒530-0043
　　　　大阪市北区天満 1-6-8　六甲天満ビル 10 階
　　　　TEL. 06-6357-6916　FAX. 06-6357-9279

印刷・製本　モリモト印刷株式会社

ISBN 978-4-88416-300-6 C0037